跨境电子商务新手攻略

张永捷　姜　宏　李　冰　编著

对外经济贸易大学出版社
中国・北京

图书在版编目（CIP）数据

跨境电子商务新手攻略 / 张永捷，姜宏，李冰编著
. —北京：对外经济贸易大学出版社，2015
ISBN 978-7-5663-1377-5

Ⅰ. ①跨… Ⅱ. ①张… ②姜… ③李… Ⅲ. ①电子商务 Ⅳ. ①F713.36

中国版本图书馆 CIP 数据核字（2015）第 145172 号

跨境电子商务新手攻略

张永捷 姜 宏 李 冰 编著

责任编辑：李晨光

对外经济贸易大学出版社
北京市朝阳区惠新东街 10 号 邮政编码：100029
邮购电话：010-64492338 发行部电话：010-64492342
网址：http://www.uibep.com E-mail：uibep@126.com

北京华创印务有限公司印装 新华书店北京发行所发行
成品尺寸：185mm×260mm 7 印张 162 千字
2015 年 9 月北京第 1 版 2015 年 9 月第 1 次印刷

ISBN 978-7-5663-1377-5
印数：0 001-5 000 册 定价：36.00 元

致创业者的一封信

10年前，我开始第二次创业，敦煌网在一片质疑声中出生，最初没有一个卖家肯来开店，为了生存，我们自己在网上卖小家电，把货囤到上海亲戚家里。没想到卖得特好，送货员都奇怪了，得知我们在网上卖到美国，送货的活儿也不干了，辞职上平台开店，今天他就是我们家电行业TOP卖家，年收入过亿元。

5年前，小葛毕业后到东莞外贸公司打工，师弟师妹找到他，让他帮忙找工作，找了几个月都没找到，最惨的时候几个人一起睡天台，后来小葛从同事那儿听说了敦煌网，买了两台电脑，成立“五人创业组”，蜗居在深圳华强北附近七八平方米的小屋，睡上下铺，吃住、办公在一起，拍照、美工、推广、发货、客服……一个环节都不少。网上来了订单，立马下楼拿货、打包，五个大学生在这掘到人生第一桶金，今天他们开上了宝马，租了办公室，雇了20多个员工。

今年年初，在深圳“卖家之星”颁奖典礼上，我发现上台领奖的有一个竟是几年前认识的小金，那时小金是江西财经大学学生，他参加了敦煌网动力营在江西第一期培训，结业后，他和两个同学搭伙开始了创业之旅，他告诉我，50多个参加培训的同学，只有3个最后坚持下来了，都是因为收入太低而放弃，如今他已经是户外用品大卖家，昔日放弃的同学对他只有“羡慕嫉妒恨”。

十年来，跨境电商的从业者，从吃螃蟹的人，到今天登堂入室；一百多万卖家，从零起步，发展成亿元企业，这些敢于创新的年轻人，他们很多一开始就是刚毕业的学生。

今天，跨境电商已成为外贸新常态，成为外贸从业者和外贸专业学生的必修课，未来，不懂跨境电商，将可能是外贸学生就业、创业最大的短板。我相信，未来跨境电商产业领袖就在你们中间，敦煌网愿成为你们通往成功、通往未来的平台，你们从这里出发，必将赢得整个世界！

APEC工商咨询理事会中国代表
G20工商峰会中国代表
敦煌网创始人、CEO
王树彤

序　言

最近几年，跨境电子商务模式创新引领外贸增长新的空间。特别是，中国跨境电商平台发展已经走在世界前列。基于平台的外贸新方式对人才需求提出挑战。今年6月1日，对外经济贸易大学国际商务研究中心与阿里巴巴研究院联合发布的《跨境电子商务人才研究报告》显示：被调查的企业中85.9%的企业认为跨境电商人才存在巨大缺口，有17.6%的企业招聘不到合适的人才，82.4%的企业虽然找到了人，但是满足不了企业的需求。调查还发现：企业对会基础操作、掌握入门知识的初级人才的需求比例为13.8%，对掌握一定跨境电商实战技巧的中级人才的需求比例为68.4%。在选择跨境电商培训组织方的调查中，只有9%的企业选择了政府，7.5%的企业选择了大学，39.8 %的企业选择商业培训机构，而企业选择自己提供培训的占60.2%，选择跨境电商平台作为培训组织方的占54.9%。这一调查结果对确定跨境电商人才培养定位，选择培养内容，具有重要参考价值。

本书以跨境电商平台典型企业敦煌网为依托，对平台的基础操作技能和跨境电商基本知识以图文并茂的形式加以呈现，对于培养跨境电子商务初级人才来讲，简单、易懂，好上手。同时，本书还对跨境电商卖家的网络营销、沟通技巧、物流管理、融资管理的实战经验加以介绍，以期培养中等跨境电商人才的复合能力。书中最后的案例也侧面揭示了跨境电商“大众创业，万众创新”的火热局面。

本书是由跨境电商企业负责营销、技术、管理、品牌、培训人员和高校的专业教师共同组织编写，将跨境电商的业务流程与教育培训的教学流程进行了综合考虑，比较适合高校国际贸易、电子商务等相关专业实践教学与跨境电商企业岗位培训。

希望本书能够为企业跨境电商人才培训和高校跨境电商人才培养做出积极贡献！

对外经济贸易大学国际商务与经济合作学系主任、国际商务研究中心主任

2015年7月8日

前　言

在这个“风口”时代，对于传统企业而言，产业互联网思维不仅仅是一种工具，更是一种态度、一种思维方式、一种价值观，是实现传统产业转型升级的推动力量。如果说消费互联网时代改变了普通消费者的生活方式，那么产业互联网时代则要改变企业的价值创造方式。

跨境电子商务的崛起正是“互联网+产业+国际贸易”产业互联网思维的实践应用，促使商品和品牌的全球化流动更加便捷。“互联网+”对企业的产业一体化能力、去中间环节能力、虚拟化运营管理能力提出了更高要求，同时也为企业商业模式创新提供了更多可能。

相对于跨境电商快速发展引起的巨大人才需求，教育界对专业人才的培养则要滞后得多。目前学术界对于跨境电子商务的定义还比较模糊，更没有系统理论的支撑，加上大多数专业教师对产业发展跟进不足，这些在一定程度上导致教学困难。因此，当前急需将产业实战与教育培训紧密结合，快速培养符合跨境电商行业发展和企业需要的技术技能人才。

在尚缺乏系统理论支撑的情况下，本书管中窥豹，以跨境电商第三方交易平台典型代表企业敦煌网为例，介绍跨境电商的基础知识，平台操作的基本流程和网店运营的基本策略，给中国众多中小企业卖家和中高等院校学生提供跨境电商新手培训手册，帮助行业培训业内人才，同时也为院校的跨境电商人才培养提供借鉴。

本书分三篇，共八章，其中第一章至第三章是跨境电子商务基础知识和敦煌网平台功能及操作流程的介绍，供新入门人员学习和掌握，这是在平台经营店铺的必备知识和技能。第四章至第七章分别从网络营销、网店客户服务、电商物流管理、订单提前放款融资管理四个方面介绍跨境电商网店运营管理的攻略和技巧。第八章选取了四个不同背景、不同类型的敦煌网平台卖家，介绍了他们在平台上的创业历程，分享了他们的成长经验。本书第一章、第二章、第三章、第七章和第八章由北京劳动保障职业学院姜宏副教授编写，第四章至第六章由北京劳动保障职业学院李冰副教授编写，敦煌网张永捷副总裁对全书进行了总撰和审校。

本书的编写经敦煌网授权，取材敦煌网原有学习材料《跨境电子商务新手攻略》、《跨境电子商务 100 问》、《37 位跨境电子商务卖家的成长故事》和敦煌网卖家操作平台信息和数据，因此对上述三本小册子的原作者和敦煌网平台相关工作人员对本书编写提供的直接或间接的帮助表示感谢，他们包括但不限于下列人员：李东方、姚凤英、刘文燕、孙丽梅、朱学婷、张秀慧、白丽、李晓幸。

特别感谢对外经济贸易大学出版社经管事业部郭华良主任、李晨光编辑，为本书的定位和内容进行了精心的策划，在教材编写过程中还不断地提供智力支持和精神鼓励。

由于时间仓促，书中难免存在纰漏与不妥之处，恳请各位同行与实践专家批评指正。反馈意见邮箱地址为：jianghong@ bvclss. cn。

编　者

2015 年 5 月

内容简介

本书以敦煌网跨境电商平台功能及平台卖家运营技巧为主线，介绍演示跨境电子商务基础知识和生态系统。本书共分上中下三篇。上篇主要介绍跨境电商平台操作技术，包括跨境电子商务基础、敦煌网平台介绍和敦煌网卖家操作流程。中篇重点介绍了跨境电商运营管理包括网店运营与网络营销、在线客户服务管理、跨境电商物流管理和订单提前放款融资管理。下篇是敦煌网平台卖家成长故事的案例分享，介绍了大学生跨境电商创业、传统外贸人员电商创业和传统外贸企业转型电子商务及网络品牌的建设之路。

目　录

上篇　跨境电商平台操作技术

下篇　跨境电商网店运营案例

上　　篇

跨境电商平台操作技术

“现如今的全球贸易市场，国际贸易随着全球一体化、互联网化、移动化而变得更加便捷，中国的货源供应和供应链有着全球独一无二的优势，这两点的结合使得我们处在一个千载难逢的机遇上。”

王树彤

敦煌网创始人 CEO

第一章　跨境电子商务基础

一、跨境电子商务的概念与特征

跨境电子商务是指分属不同关境的交易主体，通过电子商务平台达成交易、进行支付结算，并通过跨境物流送达商品、完成交易的一种国际商业活动。跨境电子商务作为一种新型贸易方式，兼具国际贸易和电子商务两方面特征。与传统国际贸易相比，跨境电商交易具有中间环节少、交易周期短、交易成本低、成交金额小、交易频次高等显著特征。

（一）跨境电商有效减少外贸商品流通环节，释放利润空间

传统外贸一般是由专业的外贸公司将国内生产或制造商的产品出口给外国的进口商，外国的进口商再将进口商品分销给外国批发商、零售商，最后到达消费者手里。商品从生产制造商到达消费者手中所经历的环节多、时间长。跨境电子商务有效地缩短了外贸价值链的长度，国内的生产制造商可以通过网商或者自己直接将商品通过跨境电商平台卖给外国的网商或消费者，从而减少了中间的渠道环节、降低了渠道成本，不仅给出口企业释放了利润空间，而且消费者可以享受更多实惠。传统外贸与跨境电商商品流通环节对比如图 1-1 所示。

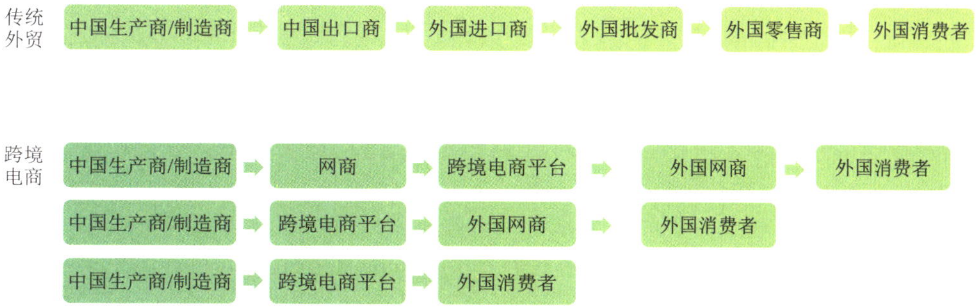

图 1-1　传统外贸与跨境电商商品流通环节对比

图片来源：www.iresearchchina.com，2014 中国跨境电商行业研究报告

（二）跨境电商缩短交易时间降低交易成本

跨境电子商务交易平台是实现外贸商业模式转变的重要力量。电商平台即时的信息沟通不仅加强了买卖双方的互动交流，大大提高了磋商的效率、加快了成交进程。便捷的网上支付操作，避开了传统方式下到银行办理结算的繁琐手续和较高的银行费用。一

站式在线物流管理，多种物流解决方案选择，实现快捷低成本送货上门。通过在平台上的网络营销、在线交易、在线支付、在线物流管理，实现信息流、资金流、物流的三流合一管理，大大缩短了交易周期，降低了交易成本。

二、跨境电子商务的业务主体

（一）跨境电子商务平台企业

B2B 第三方交易服务平台企业主要包括敦煌网（DHgate），B2B 信息服务平台的主要代表企业包括阿里巴巴国际站、环球资源网、中国制造网等。B2C 第三方交易平台包括全球速卖通（AliExpress）、亚马逊（Amazon）等。自营交易平台包括兰亭集势（Lightinthe box）、环球易购等。

（二）综合服务企业

一站式外贸综合服务平台“世贸通”（shimaotong）提供通关、退税、物流、融资等服务。中小企业外贸综合服务平台“一达通”，代理通关、外汇和退税等业务。

（三）网络营销、代运营企业

外贸 B2B、B2C 网络整合营销平台，网络解决方案提供商有四海商舟（BizArk）、Channeladviser 等。

（四）物流企业

物流整合企业有出口易、递四方速递等；物流服务提供商有中国邮政、UPS、DHL、FedEx、TNT、顺丰速运等。

（五）金融企业

支付企业有 VISA、MasterCard、AmericanExpress、Paypal、WesternUnion 等；融资企业有中国银行、平安银行等；保险公司有太平洋保险、中银保险等。

跨境电子商务的业务主体如图 1-2 所示。

三、跨境电子商务进出口流程

（一）跨境电子商务出口流程

在跨境电商出口业务中，国内生产商或制造商在跨境电子商务平台上展示自家商品，外国客户（买家）选购商品并支付后，由跨境电商运营商（卖家）将商品交付物流公司递送。商品经过出口清关检验和进口清关检验后送达客户。一些跨境电商运营商与第三方综合服务平台合作委托后者办理物流、商检等环节。

（二）跨境电子商务进口流程

跨境电商进口流程与出口流程正好相反，国内消费者或商户在跨境电商平台上选购商品并进行支付，由平台合作物流公司办理物品的出境和入境清关手续，完成国际运输和国内配送，将商品送达国内消费者或商户手中。

跨境电子商务进出口流程如图 1-3 所示。

图 1-2 跨境电子商务业务主体

图片来源：www. iresearchchina. com，2014 中国跨境电商行业研究报告

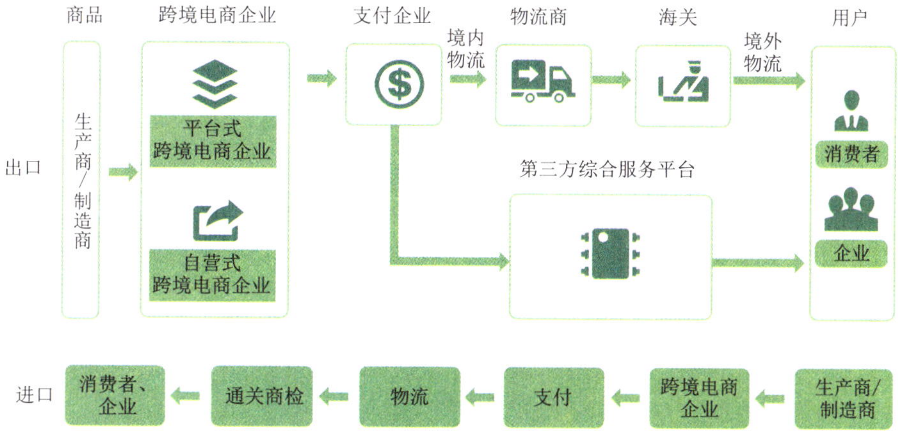

图 1-3 跨境电商进出口流程

图片来源：www. iresearchchina. com，2014 中国跨境电商行业研究报告

四、跨境电子商务与传统国际贸易的区别

对于跨境电子商务的买家和卖家来说，交易的环节大为缩短，交易成本大为降低。跨境电子商务与传统国际贸易相比，主要区别如下。

（1）信息流、资金流、物流的融合程度不同。传统贸易方式下，买卖双方之间磋商签约、货款结算与资金融通、物资流动，以及交易双方与保险公司、商检机构、海关、外汇、税务机关等部门的信息沟通多为分离进行的。而在跨境电子商务模式下，有关商品交易的信息流、资金流、物流在跨境电商平台上实现了高度融合，交易双方的沟通、签约、货款支付、物流追踪完全实现了网络化和电子化，高效、便捷。

（2）合同形式及采用贸易术语不同。传统贸易方式下，买卖双方通过交易磋商，按照 FOB、CFR、CIF 等术语成交，订立书面合同，买卖双方的风险划分地点为装运港船上，卖方以交单代替交货（象征性交货）。跨境电子商务的交易是在跨境电商平台上完成的，买卖双方成交通常在交易平台上以买方下单（电子合同）、预付货款的方式表示，一般不约定贸易术语，也没有书面合同。在跨境电商贸易实践中，卖方在将货物送达买方指定地点完成交货任务（实质性交货），买卖双方风险划分的地点为进口国买方指定地点，相当于传统国际贸易中的 DDP 术语。

（3）买卖双方承担的责任不均衡。在传统国际贸易中，无论是采用 FOB、CFR、CIF 术语，还是采用 FCA、CPT、CIP，买卖双方承担的责任比较均衡。一般由出口商负责将货物交到装运港船上（或买方指定的承运人）、负责办理出口清关手续，根据贸易术语的不同卖方还有可能负责租船订舱或办理投保手续；进口商负责办理支付、进口清关及提货手续，根据贸易术语的不同买方也有可能负责租船订舱或办理投保手续。但是在跨境电子商务模式中，一般由出口商完成发货、托运、投保、进出口清关的全部程序，进口商只需要完成网上支付和指定地点接货的义务，而无须办理托运、投保、清关缴税等手续。也就是说，在跨境电商模式下，出口商承担的责任较多，进口商承担的责任较少。

（4）采用的运输方式不同。传统国际贸易多采用海洋运输，其次是航空运输和铁路运输，一般需要出口商或货运代理将货物自行运到装运港口、车站，再由承运人将货物运至目的港或目的地。而跨境电子商务通常采用邮政小包、国际快递和跨境专线等运输方式，由承运人提供门到门的运送服务。

（5）采用的付款方式不同。传统国际贸易通常采用电汇、托收、信用证等支付方式，买方需要到当地银行办理汇款、托收和开证等付汇手续，卖方也需要按照相应的国际惯例提交有关单据办理结汇手续，一般来讲手续比较烦琐、耗时较长、银行费用较高。而跨境电子商务模式下，买家一般在交易平台上通过电子支付将货款支付给第三方平台，待确认收货无误后，再由第三方将货款支付给卖家。相比而言，支付手续简单、快捷、费用较低。

（6）适用的国际法律与惯例不同。传统国际贸易一般都适用《联合国国际货物买卖合同公约》、《Incoterms2010》、《跟单信用证统一惯例（UCP600）》等国际公约与惯例。而针对跨境电子商务的法律框架，尽管有《联合国国际贸易法委员会电子商务示范法》、欧盟的《电子签名指令》和《电子商务指令》、美国的《统一计算机信息交易法》和《电子签名法》等法律，但是尚没有形成具有全球范围约束力的国际电子商务公约或国际惯例。

第二章　敦煌网平台介绍

一、十年打造跨境电商，筑就空中丝绸之路

敦煌网成立于2004年，为国内首家为中小企业提供B2B网上交易的跨境电商平台。敦煌，古丝绸之路上最重要的驿站。敦煌网以此命名，致力于建设互联网时代的“空中丝绸之路”。敦煌网在为外贸企业提供信息服务的同时，着力打造融交易、结算、物流、安全、服务为一体的全方位跨境电商综合服务平台，其成长历程如图2-1和表2-1所示。

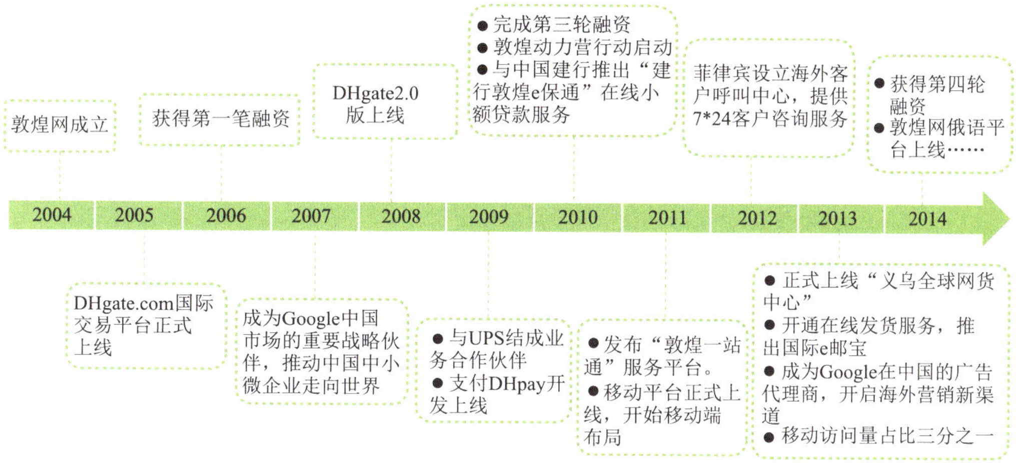

图2-1　敦煌网成长历程

图片来源：www.iresearchchina.com，2014中国跨境电商行业研究报告

表2-1　　郭煌网成长历程

2004年	敦煌网成立，致力于成为全球领先的在线交易平台
2005年	完成商业模式认证，实现在线交易
2006年	完成第一笔融资，公司日益壮大
2007年	成为Google中国市场战略伙伴，共同致力于推动中国中小微企业走向世界
2008年	DHgate2.0版上线，承载快速成长的交易额和流量；入选德勤高科技高成长企业50强
2009年	开启物流对接，实现全球四大快递公司合作；支付方面开发上线DHpay

续表

2010 年	完成第三轮融资；与中国建设银行合作，共同推出“建行敦煌 e 保通”在线小额贷款服务
2011 年	发布“敦煌一站通”服务平台；移动平台上线；入选商务部重点推荐的 4 家第三方外贸电商平台
2012 年	在菲律宾设立海外客户呼叫中心
2013 年	“义乌全球网货中心”正式上线；开通在线发货服务，推出国际 e 邮宝；成为 Google 在中国的广告代理商，开启海外营销新渠道；移动访问量占敦煌平台三分之一
2014 年	敦煌网俄语平台上线；完成第四轮融资；发起组织首个国际间的跨境电商培训 CBET

二、物流支付夯实基础，移动融资加快增长

敦煌网实现了从交易支持、海外营销、在线支付、金融服务、纠纷处理、增值服务、客户服务等业务在电子商务平台上的大融合，形成一个完整的跨境交易系统。通过引入物流、支付等第三方企业合作，共同服务中国供应商和海外采购商，实现了信息流、资金流、物流在交易平台上的高度统一。此外，平台支持包括法语、德语、意大利语、俄语、葡萄牙语、阿拉伯语、西班牙语、日语、韩语和英语十种语言。

（一）敦煌一站式外贸服务 DHlink

敦煌一站式外贸服务包括物流、仓库与集运、增值服务，平衡国际物流速度与成本。

（二）敦煌在线支付 DHpay

敦煌网可以接受来自任何国家的付款，除信用卡外，买家还可以通过银行转账付款。

（三）敦煌网货中心 DHport

敦煌网货中心融合传统贸易货源，简易连接电商营运。

（四）敦煌移动平台 DHgate mobile

敦煌移动平台包括全球卖家移动终端和全球买家移动终端。商户通过手机客户端实现 IM（即时通信，实时传讯）在线沟通、订单查询、价格优化、物流跟踪等功能，商户可以随时掌握交易动态。

（五）敦煌培训 DHtraining

敦煌培训主要是提供卖家提升能力的各种培训课程和学习资源。

（六）敦煌信贷 DHcredit

敦煌信贷提供电商小额贷款，帮助中小微企业融资成长。

敦煌网平台与业务模块如图 2-2 所示。

三、倡导“为成功付费”，与平台商户共成败

“为成功付费”是敦煌网对中国跨境电子商务的创新性贡献，是指商户入驻敦煌网

图 2-2 敦煌网平台与业务模块

平台、发布产品、交易磋商都是免费的，敦煌网只对成功的交易，也就是只对最终成功完成的交易，按照订单金额收取佣金，对商户选择的增值服务收取服务费。

（一）佣金制

佣金是敦煌网的主要利润来源，平台根据订单金额收取佣金，订单金额越大，佣金率越低，订单金额越小，佣金率越高：订单金额大于等于 8 000 美元，按 3.5% 收取佣金；订单金额大于等于 200 美元，小于 8 000 美元，按 4.5% 收取佣金；订单金额小于 200 美元，采用浮动佣金机制，平台按照一定的运算规则，自动计算出所需收取的佣金额度。

（二）服务费

对于平台提供的商品展示、辅助在线交易工具、商品推广、客户帮助、数据分析等增值服务，敦煌网向商户收取金额不等的服务费。

郭煌网的业务模式如图 2-3 所示。

四、大数据精准断行情，多语言开辟新市场

敦煌网融合移动平台、大数据平台、多语言平台技术，引入第三方合作者进入平台共同服务国内供应商和海外采购商，构筑跨境电子商务交易平台，如图 2-4 所示。

（一）大数据平台技术

敦煌网 120 万家中国制造商、外贸企业、渠道代理、个体商户和海外 550 万买家形

图 2-3　敦煌网业务模式

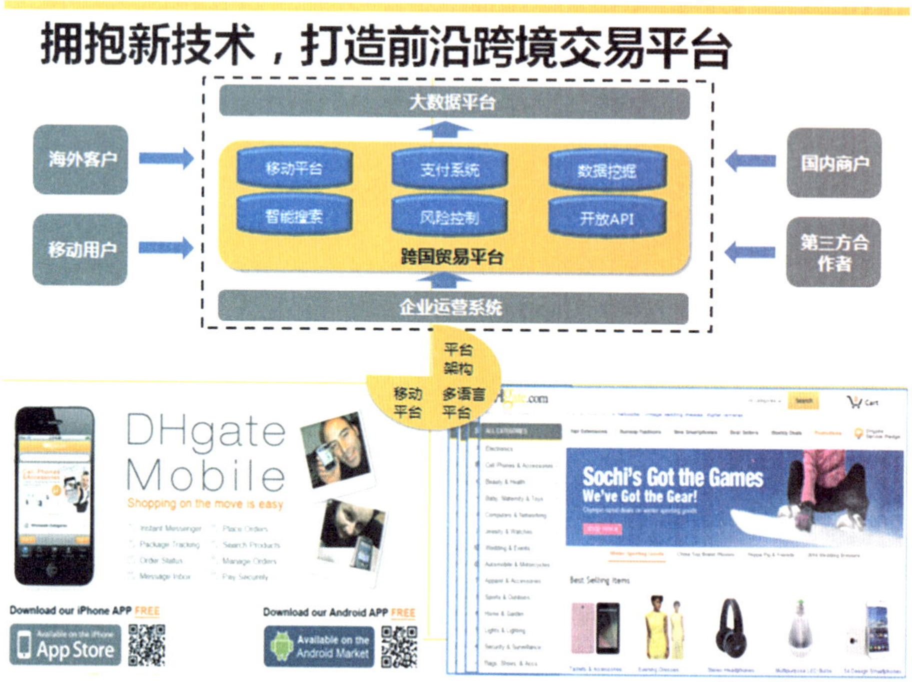

图 2-4　敦煌网技术平台

成的上千万种商品的交易数据平台，能够使企业对行业、行情的海量数据进行深度挖掘，做有针对性的海外营销和业务推广。

（二）移动平台技术

敦煌商户通过手机客户端实现 IM 在线沟通、订单查询、价格优化、物流跟踪等功能，商户可以随时掌握交易动态。

（三）多语言平台技术

DHgate 拥有法语、西班牙语、葡萄牙语、意大利语、德语、俄语六大语言独立域名，保留主站入口。借助英文站的优势，采取人工精准翻译，本地化独立营销的手段帮助广大商户开辟新的利润市场。

五、平台担保网络银行，资金支付安全便捷

（一）第三方平台信誉担保，降低买家资金风险

敦煌网在线交易的支付由敦煌网向海外客户提供担保，买家支付信息只提供给敦煌网，而不是平台卖家。只有当买家确认收到合格货物后，平台才会将货款打到卖家账户。

（二）联手著名支付机构，方便快捷在线支付

敦煌在线支付包括 Visa、MasterCard 信用卡、西联支付、Money bookers 等国际支付方式以及新加坡 eNETS、英国 Maestro、法国 Carte Bleue、德国 Giropay、俄罗斯 WebMoney 等本地化支付方式。通过与国外著名支付机构保持着良好的合作关系，敦煌网在线支付业务基础更加坚实，覆盖的地域更广、用户群体更大。

郭煌网买家付款保障如图 2-5 所示。

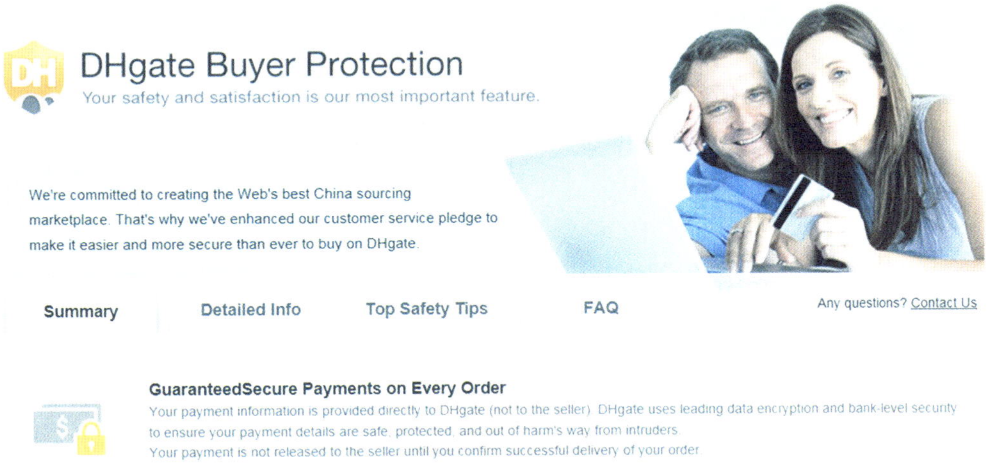

图 2-5 买家付款保障

六、线上操作线下集货，物流跟踪快速送达

DHLink 综合物流平台集合了 DHL、FedEx、TNT、UPS 等快递公司，以及 TOLL、JILLION、JCEX 等专线，为卖家提供低廉国际物流渠道，同时还推出了物流投保等相

关服务。

（一）DHLink 发货操作流程

DHLink 发货操作流程如图 2-6 所示。

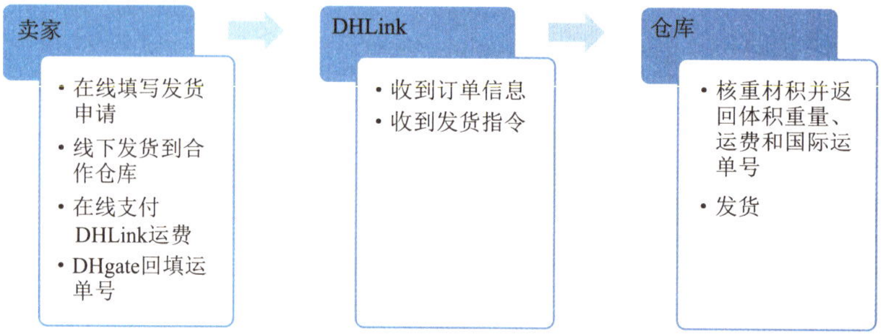

图 2-6 DHLink 发货流程

（二）DHLink 仓储集货中心

现有集货仓库分别位于上海、深圳、广州、重庆、宁波、东莞。其中，上海仓使用 TOLL 专线、英皇邮政及中邮小包的物流方式，深圳仓使用 JILLION 专线、International Bridge 专线、JCEX 专线。

（三）DHLink 综合物流平台优势

1. 运费低，商户可以按照敦煌网折扣价格支付运费。
2. 物流渠道丰富，最快三天送达目的地。
3. 对重点国家物流进行跟踪，对有问题的线路及时提醒商户并给出建议。
4. 跟踪国家通关政策变化，及时通知商户有关调整事项和应对措施。

郭煌网物流业务模块如图 2-7 所示。

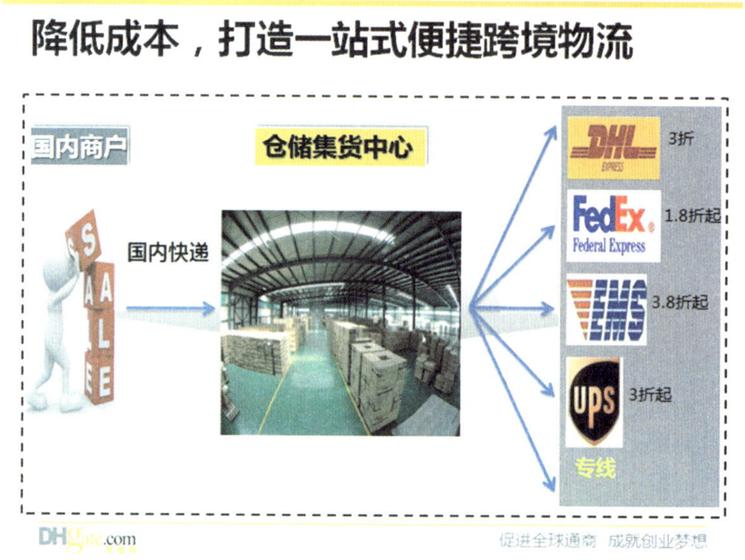

图 2-7 敦煌网物流业务模块

七、提前放款简单方便，电商企业融资不难

敦煌资金助手为商户提供全程在线资金支持，满足各类商户不同融资需求。全程网上操作，无须面谈，审核流程快，完成审核当天放款，成本低。

敦煌网卖家无需实物抵押、无需第三方担保，凭借在敦煌网上的实时交易记录及累积的信用即可申请提前放款融资服务。

（一）申请资质

1. 是敦煌网合法注册的卖家，持有有效注册号；
2. 在敦煌网平台交易情况较好；
3. 具有企业或个体工商户资质，在银行系统无不良信用记录。

（二）订单提前放款

卖家获得提前放款资格后，每生成一笔订单，可以使用提前放款一次。这种围绕订单生成的贷款称为“订单提前放款”。

（三）订单提前放款操作流程

订单提前放款操作流程如图 2-8 所示。

图 2-8　敦煌网订单提前放款流程

敦煌网融资业务模块如图 2-9 所示。

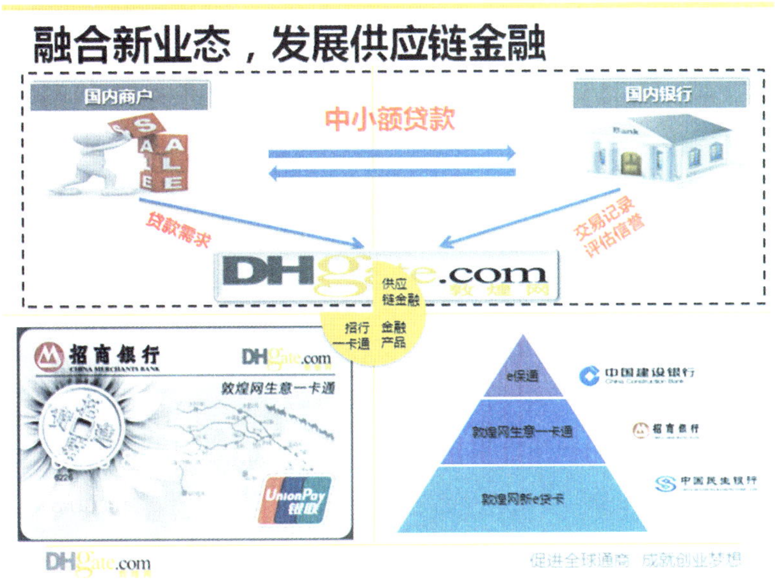

图 2-9　敦煌网融资业务模块

八、诚信经营风险管控，提升平台服务质量

（一）诚信交易规则

一方面，敦煌网制定了一系列旨在建立良好交易秩序的平台交易规则，客户选购商品后，付款到敦煌网平台，在确认收到货物并对货物质量满意后平台才付款给商户，减少了客户财货两空的风险。另一方面，平台预收货款也能避免买家伪造支票等欺诈行为。

（二）卖家诚信指数

平台还设立卖家诚信指数，根据商户交易情况对商户累计客观评价指数排名，客观记录商户信誉。

（三）风险控制体系

敦煌网建立了完善的风险控制体系，通过发现和预警买家的欺诈行为，尽可能减少卖家可能遭受的不必要损失，保护买卖双方的利益。

（四）纠纷处理规则

敦煌网建立了纠纷处理流程，一旦买卖双方出现纠纷无法协商的情况，敦煌网将进行协调和仲裁，以公正的立场帮助买卖双方尽快解决问题。

敦煌网诚信安全体系如图 2-10 所示。

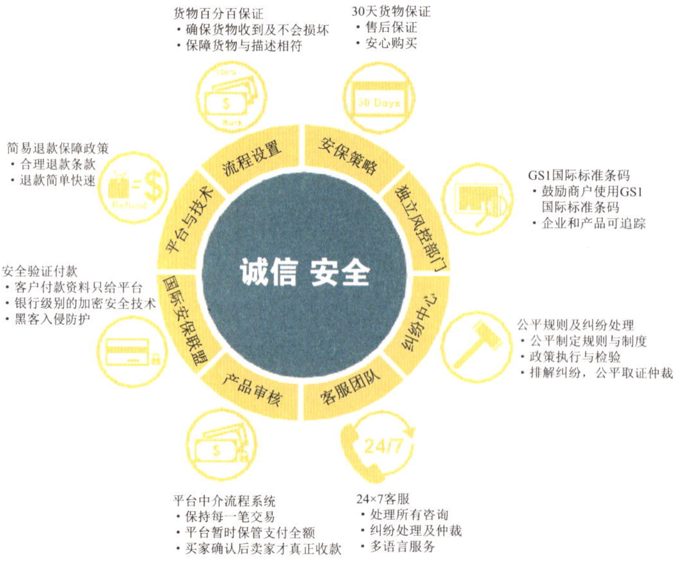

图 2-10　敦煌网诚信安全体系

九、海内商户海外客户，在线支持全程服务

客户和商户可以通过敦煌网客户服务系统与客服人员进行在线沟通和交流，获取平台提供的支持与服务，帮助买卖双方进行交易过程中的沟通，解决交易过程中的规则与程序问题，调解买卖双方发生的纠纷。

（一）客户联系客服

客服中心提供 7 天 24 小时、多语言、多渠道的客户服务，确保客户咨询可在第一时间得到回复。客户在交易过程遇到下单、付款、货运、纠纷等任何问题均可以通过以下三种方式联系客服：

留言：24 小时内回复。

在线：VIP 客户享受 24 小时即时在线服务。

电话：即时回复，美国、加拿大 VIP 客户享受 24 小时 800 免费电话服务。

（二）商户联系客服

留言：登录商户后台——消息，使用客服留言方式将遇到的问题发送给客服，24 小时内回复。

在线：登录商户后台——单击“在线客服”图标，即可立即联系到客服人员。

电话：敦煌网增值服务会员，可拨打专属热线 400-706-6600，客服人员可随时为商户提供帮助。

十、营销推广数据智囊，增值服务保驾护航

敦煌网致力于帮助中小企业发展全球业务，为中小企业提供包括培训、营销和代运营等服务，通过多重选择提升其业务和销售，如图 2-11 所示。

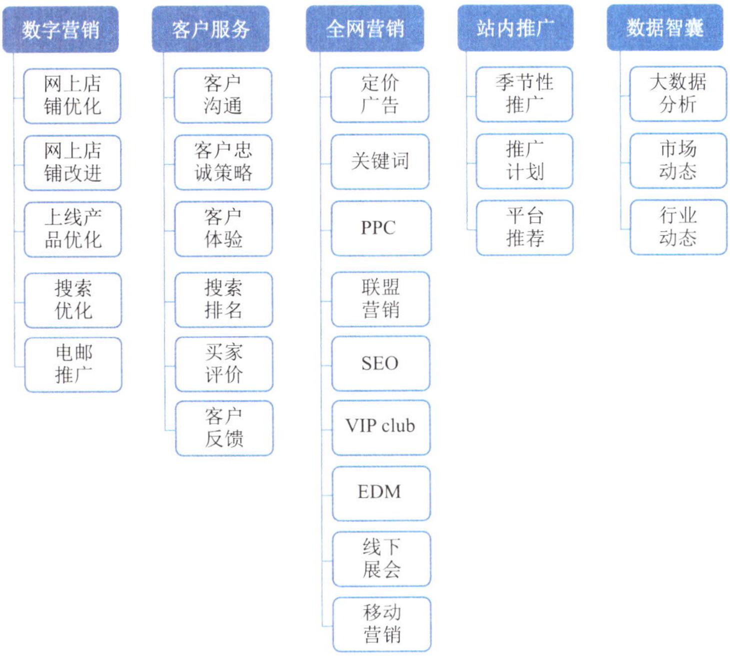

图 2-11 敦煌网增值服务

十一、促进全球通商，成就创业梦想

（一）敦煌使命

促进全球通商，成就创业梦想。

（二）敦煌愿景

全球领先的在线交易平台。

（三）敦煌精神

梦想高远，脚踏实地。

（四）敦煌价值观

成就客户、团队合作、持续创新、快乐成长、正直诚信、把事做成。

敦煌网企业文化如图 2-12 所示。

图 2-12　敦煌网企业文化

第三章　敦煌网卖家操作流程

敦煌网卖家外贸交易流程可以分为：注册认证免费开店、发布商品快速上传、快速发货便捷物流、确认收款完成交易四个步骤，如图 3-1 所示。

图 3-1　敦煌网卖家交易流程

一、注册认证　免费开店

要想成为敦煌网平台的卖家，首先必须完成商户注册。在注册页面，完整、准确地填写注册信息，注册需要做两步：填写商户信息、激活账号。

（一）进入注册页面

登录卖家首页：http://seller.DHgate.com/，单击敦煌网首页左上角的“免费注册”链接或者页面右侧“免费开店”按钮，如图 3-2 所示，进入注册页面。

图 3-2　登录卖家注册界面

（二）填写账号信息

根据平台提示，填写账号信息，主要包括用户名、登录密码、手机号码和常用邮箱，如图 3-3 所示。

图 3-3　卖家注册信息界面

（三）手机和邮箱验证

填写商户基本信息并提交后，注册界面会显示“请进行手机验证和邮箱验证操作后激活账号！”，如图 3-4 所示。

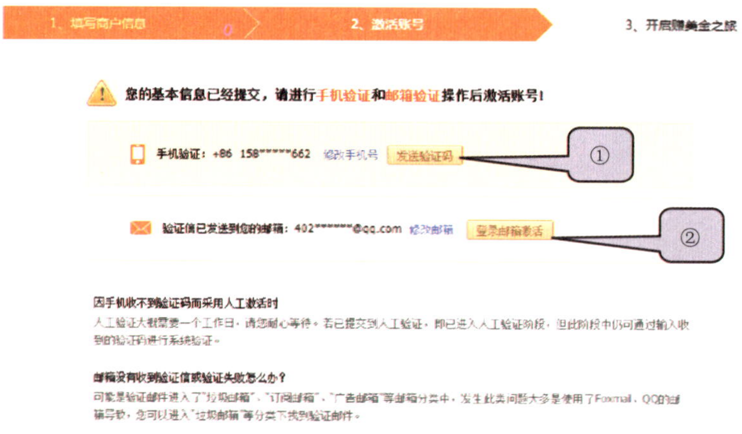

图 3-4　激活账号界面

进行手机验证，单击“发送验证码”（见上图标志①），您注册时所使用的手机会收到一个验证码。输入验证码之后，页面会显示您的手机号码已经通过验证，如图 3-5 所示。

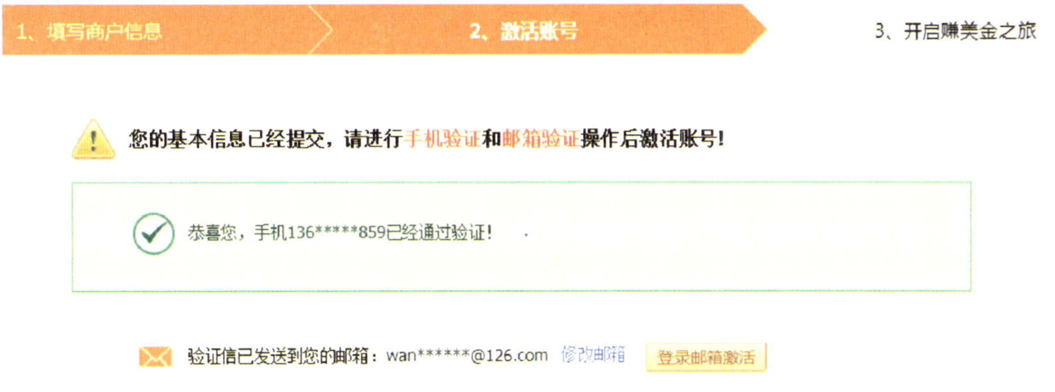

图 3-5　手机通过验证界面

手机通过验证后，单击“登录邮箱激活”后，已注册的邮箱会收到一封邮件，如图 3-6 所示。

图 3-6　邮箱激活界面

按照邮件说明，打开相关链接完成邮件激活，系统会提示“已经成功注册敦煌网”，如图 3-7 所示。

提示：商户只有通过了手机验证和邮箱验证，才能在敦煌网上进行产品销售。

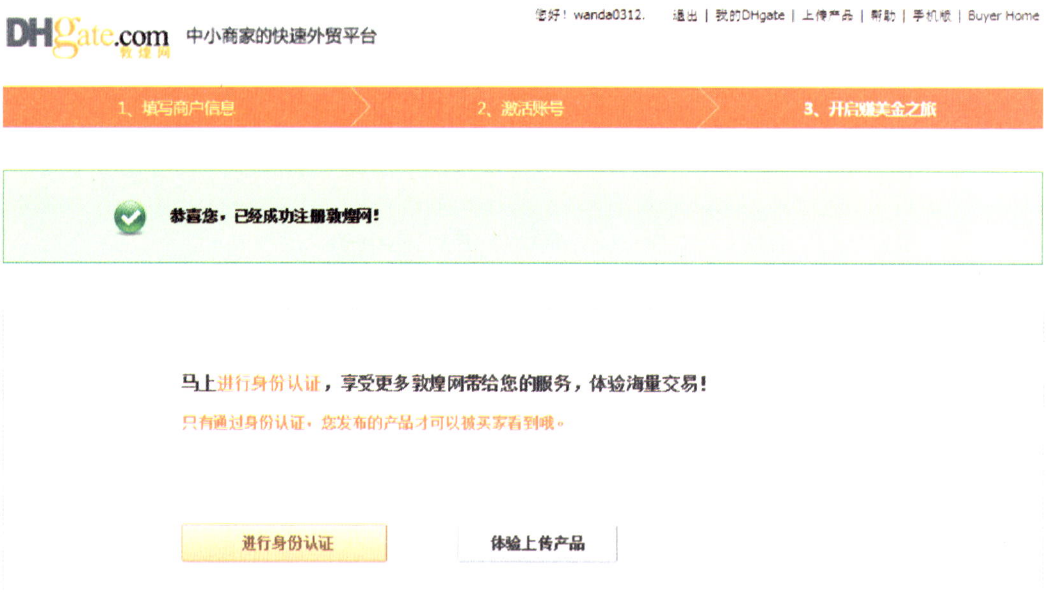

图 3-7　注册成功界面

（四）进行身份认证

注册成功后，卖家就可以上传商品了。但为了不影响收款，卖家必须通过身份认证。单击“进行身份认证”按钮，选择身份类型，填写联系人姓名及身份证号，开始认证，如图 3-8 所示。

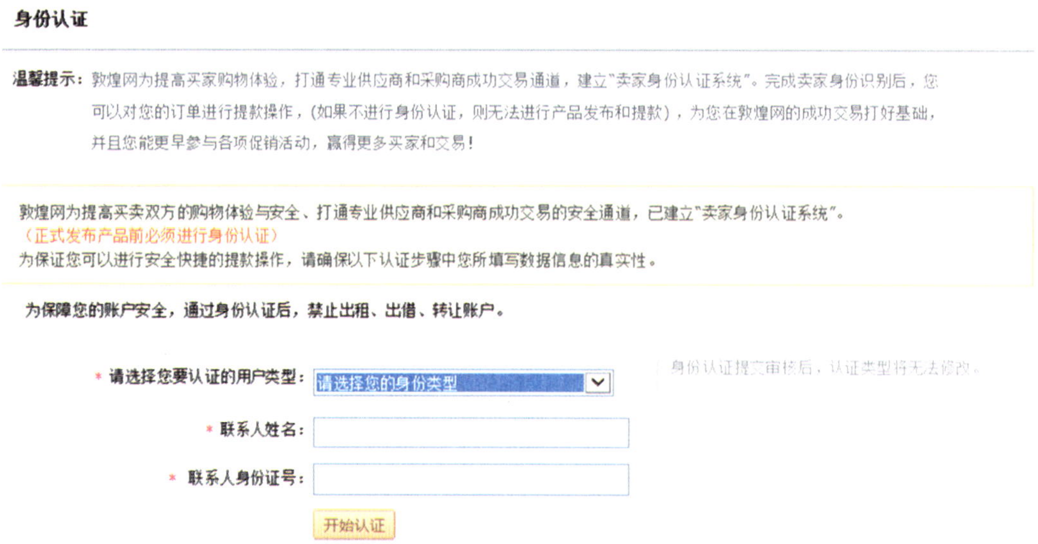

图 3-8　身份认证界面

单击“开始认证”按钮，系统自动弹出“认证时间约为 3 个工作日，请您耐心等待”，如图 3-9 所示。

图 3-9 等待身份认证界面

以上四个步骤完成后，卖家就可以上传商品了。在此提醒商家在注册时注意不要使用以下内容作为用户名进行注册。

（1）含有各种联系方式，包括邮箱地址、网址、电话号码、QQ 号、MSN 地址等，举例如下：

① 含有@ 和 com 的或者只含有 com 的，如 aaa@ 163com、aaa163com。

② 含有 www 和 com 的，如 wwwaaacom。

③ 都是数字的，如 0102545254613845255544。

④ 两个 Q 连在一起后边是数字的，如 QQ21554358。

⑤ 含有 MSN 和 Hotmail 的或者只含有 hotmail 的，如 MSNaaa@ hotmail、MSNaaahotmail、aaahotmail。

（2）含有品牌名称或者类似品牌名称，例如 CHANEL、NIKE、ROLEX、LV 等。

（3）含有不文明词汇。

（4）不要同时注册多个用户名，以免影响将来的使用。

二、发布商品 快速上传

产品是由文字和图片组成的，详细的文字描述、清晰的图片、合理的销售价格和快捷的物流方式是促进买家下单购买产品的关键。

登录“我的 DHgate”→“产品”→“添加新产品”，如图 3-10 所示。

（一）选择产品类目

单击“添加新产品”按钮，进入“选择类目”界面，如图 3-11 所示。可以手动选择目录，也可以输入关键词搜索目录。手动选择目录的方法为：逐级选择目录，直到最后一级，下面同时会显示您已经选好的目录，括号内英文部分为买家端类目结构名称。

关键词搜索目录的方法：在“选择类目”条形框中输入能够准确描述产品的英

图 3-10　上传新产品入口界面

图 3-11　手动选择产品类目界面

文关键字，如 LED light，单击“快速查找”，界面会显示与 LED light 相关的类目，如图 3-12 所示。

（二）填写产品信息

1. 产品基本信息

产品基本信息主要包括产品标题、产品关键词、产品基本属性和产品规格，根据平台内容提示，填入具体信息，如图 3-13 所示。

图 3-12　关键词搜索目录界面

图 3-13　产品基本信息界面

提示： 产品标题是匹配关键词搜索、影响产品曝光率的关键，编写产品标题时请注意以下几点：

（1）使用关键词来组合标题，可以包括产品名称、型号、功能、特点、性能等；

（2）尽量用尽所有 140 个字符；

（3）关键词之间通过空格间隔，尽量避免使用标点符号；

（4）不要使用“Free Shipping”，“Wholesale”；

（5）避免使用容易使买家混淆的字词；

（6）重要关键词写在前面；

（7）请遵守英文标题书写规则；

（8）标题中请勿出现任何形式的站外联系方式。

2. 产品销售信息

产品销售信息包括销售计量单位、销售方式、备货状态、备货数量、备货期、产品价格区间等内容，如图 3-14 所示。

图 3-14 产品销售信息界面

（1）选择“销售计量单位”

单击下拉菜单，会出现“件”（piece）、“套”（set）等单位，选择对应的销售计量单位。然后，按照系统提示，选择“销售方式”为“按件卖”还是“按包卖”，按件卖即零售，按包卖即批发。

（2）选择“备货状态”

可以选择有备货和待备货。选择有备货，填写备货所在地和备货期。“备货期”是指自平台通知卖家发货时起至卖家向平台回填物流跟踪号信息的时间。有备货产品的备货期平台规定最长不能超过 2 天。待备货产品的备货期可以自行填写，通常 1~6 天较为合理，备货期短的产品更容易被买家接受，定制类产品除外（如婚纱，请根据实际生产交货时间填写）。

提示：超过备货期未向平台填入物流跟踪号的订单，平台自动将款项退还买家，同时，对卖家处以“成交不卖”的处罚。

（3）选择“产品价格区间”

产品定价的关键不仅仅在于价位高低，而是要准确、适度，精准把握海外买家的心理预期。设置不同的价格区间，形成梯度价格，一方面可以有针对性地满足不同层次的买家需求，另一方面也可以利用价格差，吸引买家购买更多的产品。

价格区间可以选择“统一设置价格”和“分别设置价格”。“统一设置价格”即卖家可以对不同的销售组合设置为一致的价格，“分别设置价格”即卖家可以对不同的销售组合设置不同的价格。对于任何一种价格设置方式，卖家只需要输入实际销售价格即可，系统将自动计算出买家需付款的金额，卖家无需考虑平台佣金因素。

3. 产品内容描述

产品内容描述主要包括“产品图片”、“站内外推广图片”、“产品组”、“产品简短描述”、“产品详细描述”和“产品视频链接”六项内容，如图 3-15 所示。

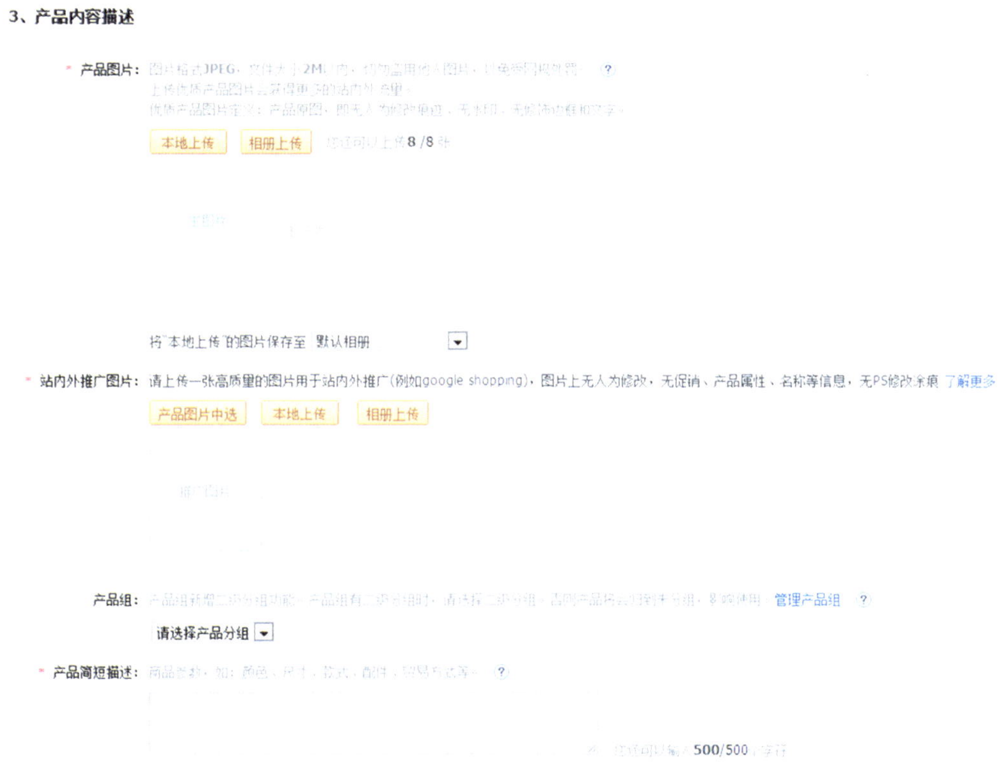

图 3-15　产品内容描述界面

（1）“产品图片”

最多支持 8 张图片；可将正面且完整展示产品的图片作为首图；同时应保证图片清晰，分辨率不应低于 400×400dpi，尺寸统一，正方形；正、侧、背、细节、包装的展示都应有；通过实物图与效果图相配合来更好地展示产品。

提示：不得抄袭其他卖家图片，以免受到平台处罚；如需添加水印，应不影响图片展示效果；不要对图片过分修饰，产品实拍图最为理想。

（2）“产品组”

卖家需要为每一个上传的产品选择相应的产品分组，在卖家后台产品管理中，只能以组来分类管理产品，而不能以类目对产品进行管理。

（3）“产品简短描述”

填写在“产品标题”中没有包含的有关产品特性，最多 500 个字符，可包括产品的颜色、款式、配件附件、销售模式等，切忌重复标题及堆砌关键词。

（4）“产品详细描述”

在产品详细描述部分重点展示：① 更多的产品图片；② 产品参数信息；③ 产品使用信息，如产品安装步骤、使用须知；④ 明确产品售后服务，如退换货、快速发货等服务承诺；⑤ 支持的物流、运输方式；⑥ 交易纠纷的赔付细则；⑦ 公司资质介绍。

提示：严禁留下任何形式的站外联系方式；请使用英文描述，使用中文及中文标点符号将造成产品上传失败；所有内容大小不能超过 400K；不支持动态代码。

4. 产品包装信息

产品包装信息，请输入物品包装后的重量及尺寸，如图 3-16 所示。当买家选择了“非免运费”运输方式的时候，系统将根据填入的重量及尺寸自动核算买家应付的运费。错误的重量及尺寸将导致买方支付超额或不足的运费（超额的运费将因价格过高造成物品难以销售，而运费不足将导致订单亏损）。此外，如果销售方式设定为“按包销售”，则需要填写以“包”为单位的重量和尺寸。

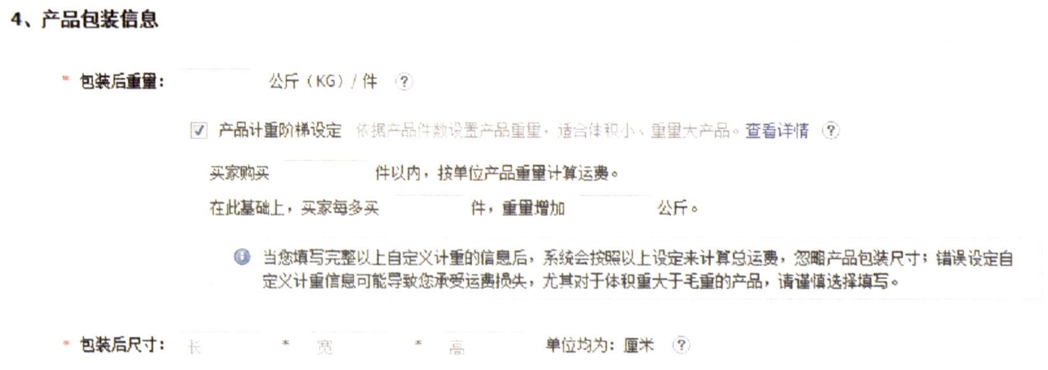

图 3-16　产品包装信息界面

5. 运费设置

卖家可以通过两种方式进入运费模板编辑页面：

（1）在产品编辑页面单击“管理运费模板”进入，如图 3-17 所示。

图 3-17　运费设置界面

（2）在产品频道单击“运费模板管理”进入，如图 3-18 所示。

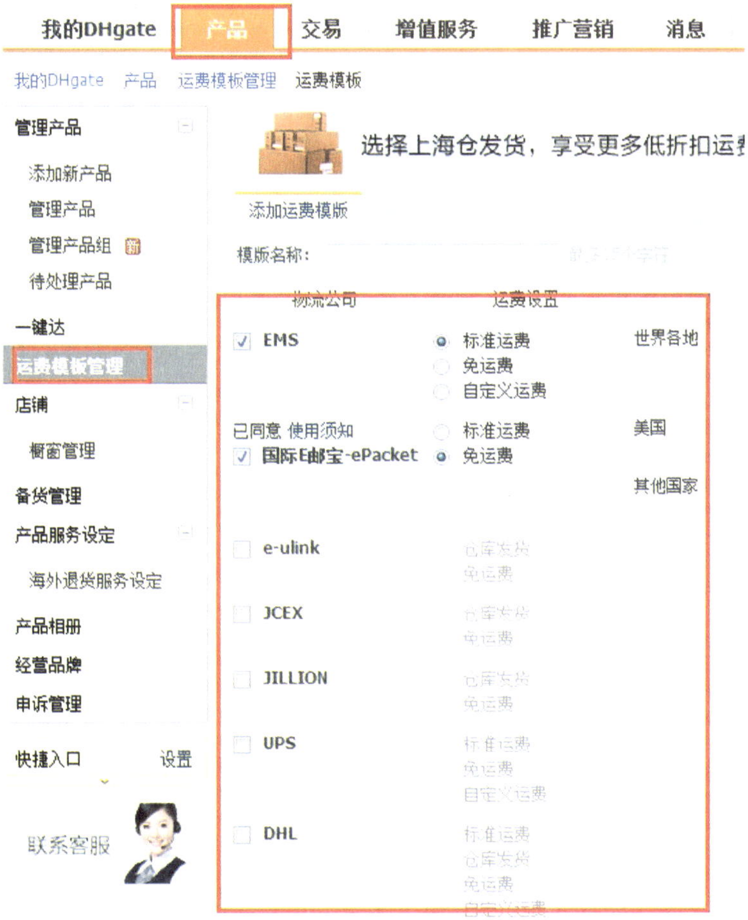

图 3-18　运费模板设置界面

进入运费模板编辑页面后，卖家可以添加新的或编辑已存在的运费模板。一个运费模板可以包含多种运输方式，一种运输方式还可以针对不同国家或地区进行不同的运费设定。

首先选择物流方式，然后选择运费设置、送达国家、运费标准等项目。目前，敦煌网支持的快递公司有 EMS、UPS、DHL、FEDEX、TNT、China Post Air、China Post SAL 等。运费设置分为免运费、标准运费、自定义运费和不发货四种类型。

（1）免运费：是指针对指定国家或地区免收运费。

（2）标准运费：是指针对指定国家或地区按照各物流服务提供商的官方报价计算运费。决定运费的因素通常为货物送达地和货物重量。

（3）自定义运费：是指由卖家自行设定指定国家或地区需要收取的运费。

（4）不发货：是指卖家对指定的国家或地区不发货。这意味着这些国家或地区的买家将不能购买此物品。

下面以“免运费”设置为例，说明运费设置的步骤。单击“免运费”后，选择免运费的国家和地区，然后单击“确定”，如图 3-19 所示。

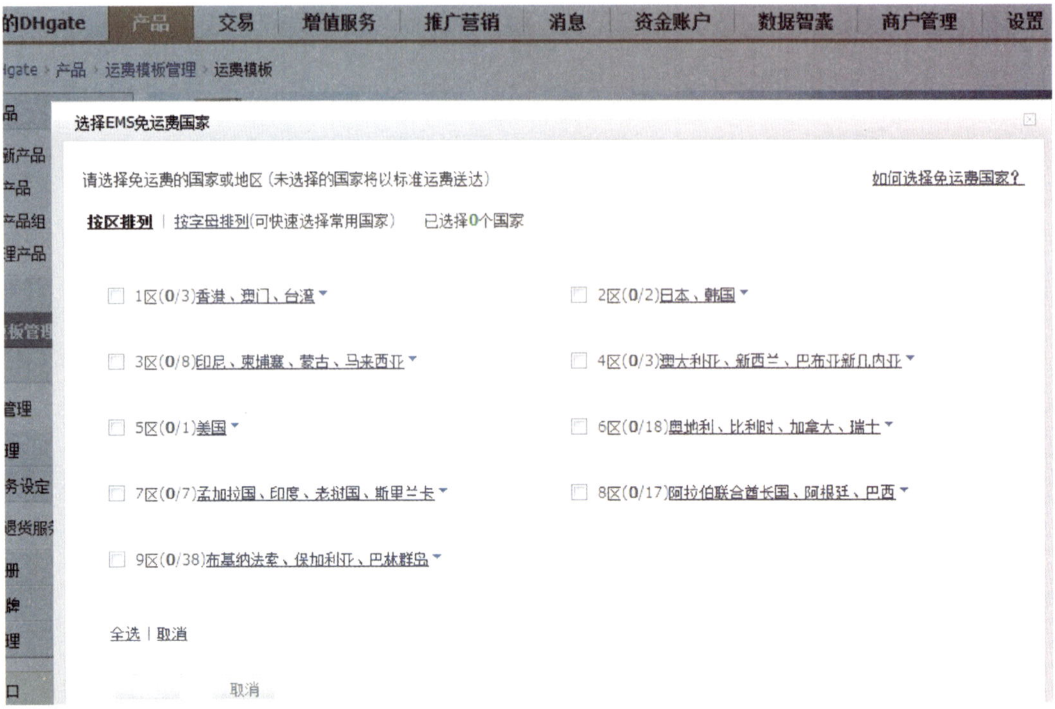

图 3-19　免运费国家或地区设置界面

卖家完成“免运费”设置后，在买家交易平台上，对应产品销售信息处就会显示免运费标志“Free Shipping”，如图 3-20 所示。

如果设置免运费，卖家需要充分考虑货物成本及运费成本，以免造成销售亏损。

在进行运费设置时，卖家应注意以下三点。

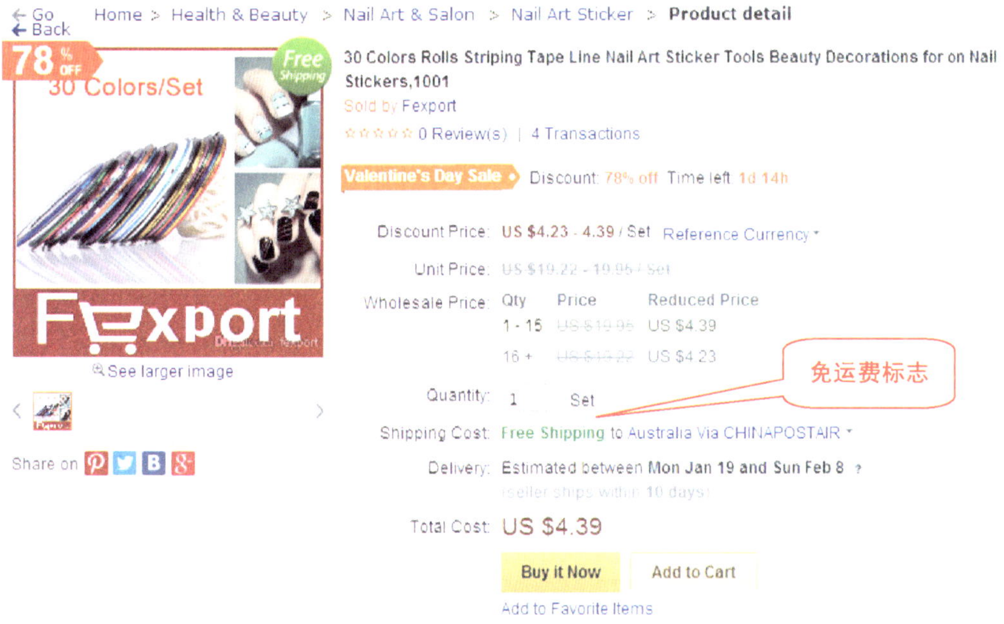

图 3-20　买家平台免运费标志

（1）关注产品包装后体积，某些货运方式需要计算货物的抛重，即货物的实际重量与体积重量进行比较，数字更大者作为计费重量。代表物流方式为：DHL、FEDEX、TNT、UPS、EMS。

（2）注意设置物流折扣，让商品更有吸引力。在小单外贸在线交易过程中，运费对于买家来说是一项非常重要的交易成本。买家在选择产品的时候，除了关注产品的价格，也非常关注产品的运费。运费是影响买家购买决策的重要因素。卖家只有给买家提供一定的物流优惠，才能让自己的产品有竞争优势，从而获得买家的青睐。运费折扣过低或者没有运费折扣，是非常不利于卖家成单的。

（3）推荐自定义运费，设置对热门国家发货。对于新卖家，平台建议您在设置运费类型的时候，选择只对买家比较集中的欧美发达国家发货。

6. 其他信息

设定产品有效期，有 90 天、30 天和 14 天三个选项，如图 3-21 所示。产品有效期即产品自发布成功起至产品停止展示的时间。产品超过有效期将自动下架。因此，为了保障产品的正常销售，应在产品到达截止有效期之前及时更新产品有效期，同时，系统将会对未来三天内到达截止有效期的产品在卖家后台进行提示，提醒卖家及时更新产品有效期。至此，有关产品上传的全部设置完毕，单击“提交”按钮完成产品编辑。

提交成功的产品将首先进入平台审核阶段，通过平台审核的产品将可以被买家搜索到并购买。

至此，卖家产品上传的工作就完成了。在这里，提醒卖家注意：新上传的产品，都要经过敦煌网产品审核流程，因此一定要事先阅读《DHgate 敦煌网卖家产品上传规

图 3-21　产品有效期设置界面

则》，避免上传违反敦煌网销售规定的产品，否则有可能产品审核通不过，严重的会取消卖家资格。

三、快速发货　便捷物流

（一）登录物流综合服务平台

输入敦煌网账号可直接登录 DHLink；非敦煌网用户，则需要在 DHLink 注册新账号，如图 3-22 所示。

图 3-22　DHLink 登录界面

（二）查询物流渠道和运费

进入“我的 DHLink”，在平台查询区域，输入目的地、物流方式、重量、体积等信息，查询物流渠道和运费价格，如图 3-23 所示。

图 3-23 DHLink 物流渠道和运费查询界面

（三）选择物流解决方案

根据物流服务商、物流方式、运输时效、交货仓库、预算运费等情况，选择适合卖家自身需求的物流解决方案，如图 3-24 所示。

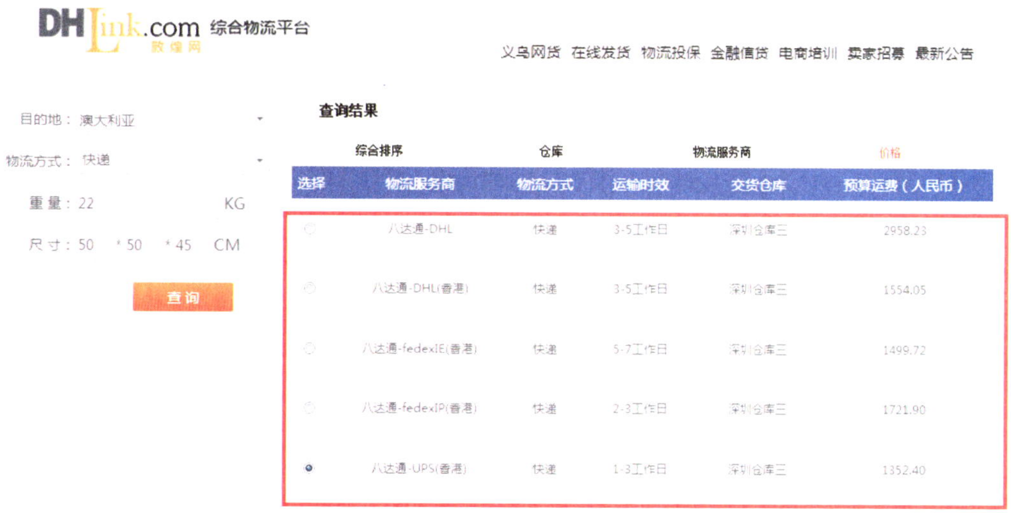

图 3-24 选择物流解决方案

（四）填写发货信息

卖家完成发货后，需要在平台上准确填写运单号及相应的发货信息，包括国内物流、发货地址、收货地址、商品信息等内容，如图 3-25 和图 3-26 所示。

（1）国内物流信息，包括国内物流服务商名称和国内运单号码。

（2）用中文填写发货人名称、地址及联系方式。

（3）用英文填写收货人名称、地址及联系方式。

（4）填写商品信息。

图 3-25 填写发货信息界面（一）

（五）及时沟通客户

在线国际交易由于地域大、时间长，卖家发出货物后，要做好物流跟踪，及时与买家进行沟通，这一点尤为重要。

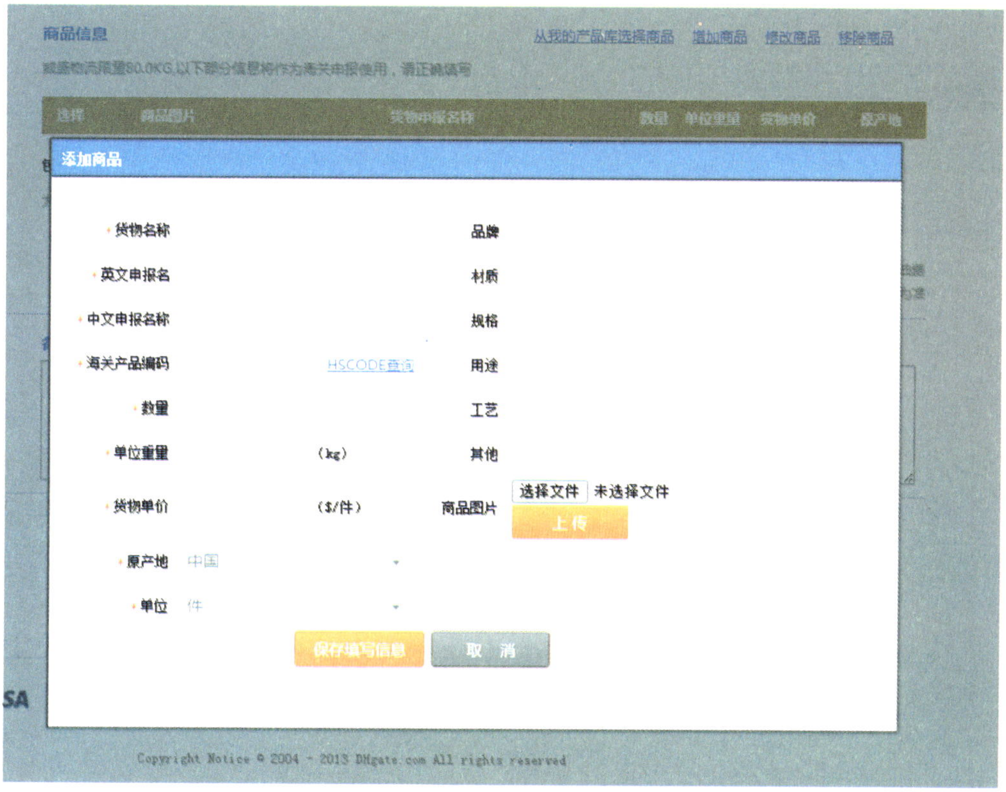

图 3-26 填写发货信息界面（二）

• 当买家下单时，卖家可以给买家发邮件，感谢买家的选购，告知其已在备货、预期在什么时候发货。

• 当货物发出时，卖家需要通知买家，货物已发出，物流方式和单号是什么，大概什么时候可以到，让买家有任何疑问先与我们联系。

• 当货物运输途中有任何情况，比如已出关、速度慢、到达买家所在国家等，都需要邮件跟进买家，除了告知买家状态外，也可以针对性地做一些其他沟通，让买家随时可以找到你并通过你解决问题，而不是通过平台解决问题。

四、确认收款 完成交易

（一）请款

请款是指卖家申请敦煌网完成交易的操作。卖家通过单击订单中的“请款”按钮即可。

当卖家通过“货运单号”查到货物已经妥投之后，可以在“我的 DHgate”→“我的订单”→“全部订单”→“已发货订单”里找到已履行的订单，单击“请款”按钮（请款按钮是在正确填写货运单号之日起 5 天到订单确认收款后 90 天内出现，请款只能申请两次，且两次请款时间间隔至少 3 天），如图 3-27 所示。

图 3-27　请款操作

敦煌网将在收到请款申请后的一个工作日内对订单进行审核，审核无误后，例如国家、时间、邮编和签收人信息一致，平台会向买家发出催点信，如买家 3 天之内没有提交纠纷，则订单完成。

郭煌网平台请款步骤如图 3-28 所示。

（二）放款

放款是指敦煌网将卖家已经交易完成订单的款项转移到卖家虚拟账户里的过程。目前敦煌网对于有货运跟踪号的订单放款分以下三种情况：一是买家主动确认签收；二是买家未主动确认签收；三是异常账户及交易放款。

1. 买家主动确认签收

如果买家在收到货物之后确认无误，登录后台，单击“complete order”按钮完成交易，敦煌网将放款并邮件通知卖家。此时，卖家完成订单，交易结束。

2. 买家未主动确认签收

买家未主动确认签收的订单，卖家请款后，敦煌网先根据卖家上传的运单号核实妥投信息并相应处理，一般有两种情况，如表 3-1 所示。

表 3-1　买家未主动确认签收情况下订单完成时限界定

货运情况类别	订单完成时限
包裹已妥投，且时间、邮编及签收人与运单信息一致	敦煌网发送催点信给买家，如果买家在 5 天内没有发起任何投诉或纠纷，也没有邮件回复，平台将该订单款项放款至卖家虚拟账户，订单完成
包裹部分或全部未妥投，或无查询信息	卖家填写最后一个货运单号后 120 天完成订单

订单请款目前平台的方式如下：

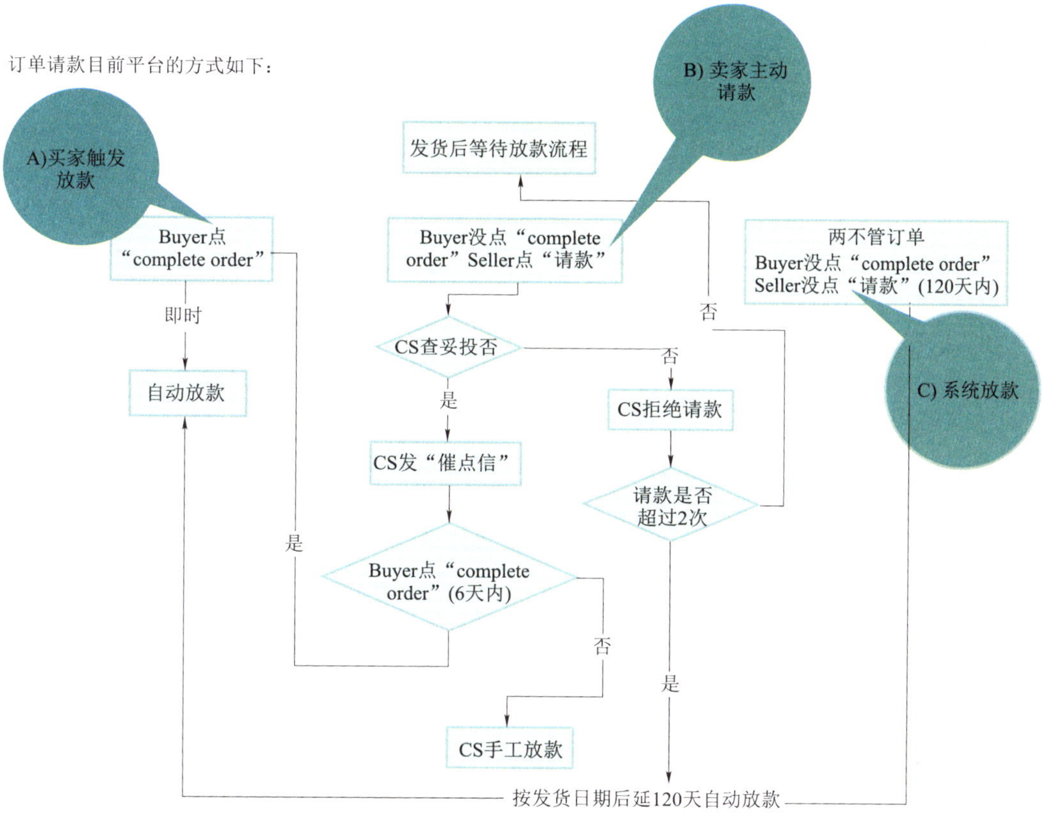

图 3-28　平台请款步骤

如果买家未主动确认签收，卖家在订单确认收款后的 90 天内也未请款，则平台将在确认发货后 120 天将订单款项放款至卖家虚拟账户，订单完成。

3. 异常账户及交易放款

卖家账户纠纷率过高或者当前订单有“黄条”时，账户放款可能被延迟或暂停。如果当前订单有黄条，放款将被延迟；黄条去除后，放款流程继续。此外，当卖家当前账户纠纷率过高时，卖家账户放款将被延迟。平台延迟放款规则如表 3-2 所示。

表 3-2　卖家纠纷率情况与平台延迟放款时间

卖家账户情况	放款最早时间
25% <= 纠纷率 <= 40%	20 天
40% <= 纠纷率 <= 50%	45 天
纠纷率 > 50%	120 天

当卖家账户或交易违反以下规则时，放款可能被无固定期限暂停，并禁止在敦煌网注册新账户：

- 交易为虚假交易
- 卖家实际销售产品为侵权品或禁销品
- 卖家关联账户因平台调查处于关闭状态
- 卖家关联账户处于无固定期限限制提款状态
- 卖家账户处于被司法机关调查中状态
- 卖家账户及其交易涉及其他违法行为

（三）提款

提款是指敦煌网将订单款项汇入卖家的银行账户，提款所产生的手续费根据不同情况由平台或者卖家承担，提款周期一般为两个工作日。

需要卖家注意的是，卖家可以在资金账户中设置自动提现金额的下限以及自动提现的账户信息。当平台资金账户的款项金额达到设置的下限（如 5 000 美元）时，系统将自动将超出部分款项转出到预先设置的提现账户中。

中 篇

跨境电商运营管理

“按 B2C 的标准进行 B2B 电子商务—买家除了需要丰富的功能，交易的安全性和便捷性，线下物流的可靠性和服务流畅之外，还需要更好的内容介绍，需要同社交媒体的整合，需要视频，甚至移动端的购买。”

王树彤

敦煌网创始人 CEO

第四章　网店运营与网络营销

一、网上店铺优化

（一）填写店铺信息

进入“我的 DHgate”→“产品”→“商铺”→“商铺信息”，填写基本信息和经营信息。基本信息包括商铺名称、商铺标志、商铺推广语、商铺介绍四项内容，如图 4-1 所示。

图 4-1　商铺基本信息界面

1. 商铺名称

商铺名称，融入主营产品关键词，有助于买家定位商铺经营的产品类型，提高商铺点击率。推荐模板：商铺特征词+主营产品关键词，例如 New Moon Baby Clothing。

2. 商铺标志

商铺标志，也就是店铺 logo，一般用图片标示。图片大小支持 200KB，图片尺寸为 100×100 像素。

3. 商铺推广语

用英文简单描述商铺主营产品或热卖产品，对商铺在搜索引擎中有所帮助，最多输入 500 个字符。模板推荐：主营产品/热卖产品+商家类型等。商家类型包括制造商

(Manufacturer)、供应商(Supplier)、商铺(Store/Seller),例如 Professional Baby Garment, Suits & Shoes Supplier。

4. 商铺介绍

商铺介绍,是指用英文介绍公司产品、公司实力、业务范围,突出主营或热销产品的特色卖点、优惠折扣等。有吸引力的商铺介绍,可帮助买家快速定位商家,提高商铺曝光率。其次,介绍一下经营信息。

经营信息包括公司名称、商业类型、创建时间、注册地址、公司规模、商铺关键词、产品/服务关键词、商铺横幅、个性商铺地址等,如图 4-2 所示。

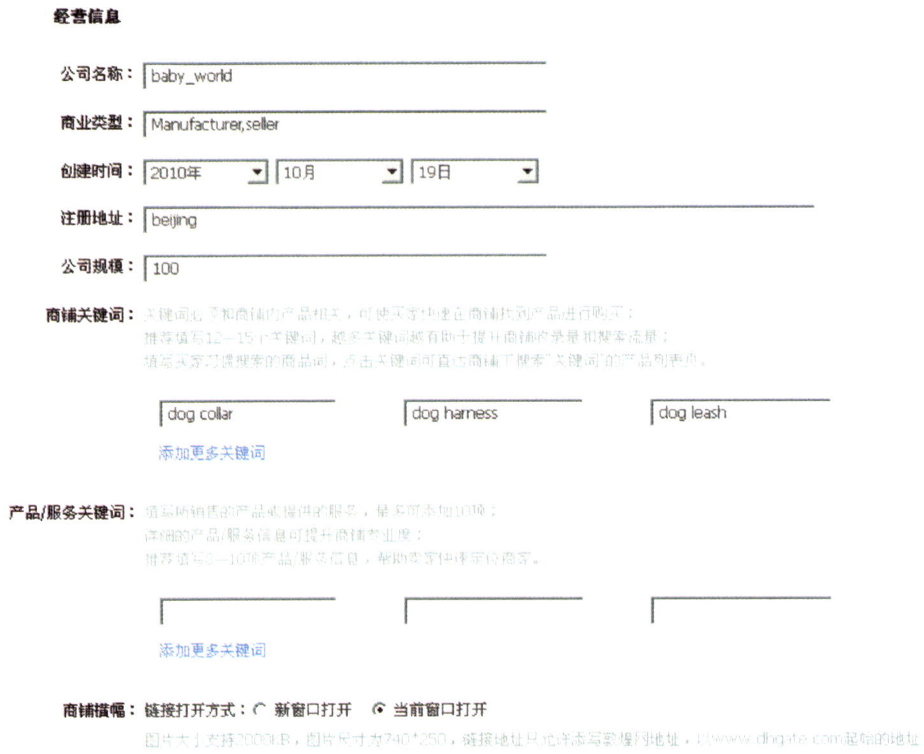

图 4-2 商铺经营信息界面

(1)商铺关键词

关键词必须和商铺内产品相关,可使买家快速在商铺找到产品进行购买;推荐填写 12 至 15 个关键词,越多关键词越有助于提升商铺收录量和搜索流量;填写买家习惯搜索的商品名称,单击关键词可直达商铺下搜索“关键词”的产品列表页。

(2)产品/服务关键词

填写所销售的产品或提供的服务,最多可添加 10 项;推荐填写 8~10 项产品/服务信息,帮助买家快速定位商家。

(3)商铺横幅

图片大小支持 2 000KB,图片尺寸为 740×250 像素,链接地址只允许填写敦煌网以

www.dhgate.com 起始的地址。

（4）个性商铺地址

商铺个性地址仅允许设置一次，审核通过后将不可修改。

填写基本信息和经营信息，需要注意以下几点：

首先，商铺信息在提交审核后，全部信息审核通过后，会更新至商铺中。

其次，商铺名称在敦煌网平台具有唯一性，同一个商铺名称只能存在一个，不能重复；普通用户无法修改商铺名称，增值服务用户和品牌商户每个月可以修改一次，但请谨慎修改。

再次，商铺名称不得违反任何法律法规、平台规则，例如不得包含任何违反第三方版权、违禁、禁止或限制销售的产品名词，不得包含任何引导线下交易的词汇，不得侵害他人的合法权益。

（二）店铺装修设计

1. 店铺装修误区

做好店铺装修，不是一朝一夕的事情，新卖家完成平台注册后，都迫不及待地想拥有属于自己的店铺，赶紧把产品上传上去。完成产品上传后，又为网店装修的不够吸引人而苦恼，此时很多新卖家都会去看同行业卖得好的店铺是怎样装修的，这样做没错，但是往往由于雷同，导致自己的店铺设计没有新意。常见的店铺装修误区列举如下。

（1）抄袭成功店铺风格。借鉴同类产品成功网店的优点，了解国外买家购买心理和行为，结合自己产品的特点，设计有自己风格的店铺。

（2）首页配色过多或者仅放几张产品大图。国外的买家都很喜欢简约的风格，网店首页如果配色过多，容易让买家心生烦躁；产品大图加载速度慢，买家更是没有耐心欣赏下去。

（3）主导航和产品分类导航混乱。店铺主导航和产品分类导航能更好地引导用户快速找到自己想要购买的产品。但是主导航和分类导航若不是精心制作，结构不清晰，比如同一款产品有几个分类，会让买家觉得很复杂、不够专业，从而离开店铺。

（4）装修没有主次。不管是对热销产品的推荐，还是对新产品的推荐，都需要有层次，否则可能会让买家感到疑惑。过季产品建议放在导航最后一栏。

（5）忽视店铺搜索功能。对购买某一款产品针对性很强的买家一般会使用搜索框，所以搜索框在首页、分类页、详情页都要有一个突出的位置展示。同时，推荐几个店内热搜的产品名称给新买家做引导，方便买家找到自己想要的产品。

（6）热卖和新推荐产品详情页入口太多。适当地推荐热卖产品和新品有利于提升销量，但是过多地展示热卖产品及新品，反而容易流失客户。

2. 店铺装修技巧

店铺成功需要五大要素，以产品为核心，店铺设计、营销推广、服务/物流、客户黏性共同拼成一个店铺的成功版图。产品是店铺成功的基本前提，营销推广会为店铺带来流量和人气，服务/物流可以改善客户体验，客户黏性增加客户的忠诚度。而店铺设计，则相当于卖场终端呈现，它搭建了买卖双方的平台。

一般来讲，人们所感受的外部信息有83%是通过视觉传达到人们心智的。视觉是无声的语言，好的店铺设计通过视觉向顾客传达产品信息、服务理念和品牌文化，可以达到促进商品销售、树立品牌形象的目的。对买家而言，视觉营销吸引的是眼球，撩拨的是购物欲望。

（1）店铺招牌设计。店铺的招牌，是店铺文化的浓缩，会在店铺首页上方出现。因为其关键的位置，一定要精心布置，既要让新买家印象深刻，又要让经常来的买家有新鲜感。这就需要认真的思考，要为客户展示什么内容，哪些是最重要的，就需要突出显示。设计的整体理念为大气、精致，目的是达到对店铺最有效的阐释。

（2）自定义分类模块设计。自定义分类模块，也是买家经常关注的模块。好的自定义分类可以凸显店铺风格定位、商品重点推介、特惠活动、与买家互动等。正是由于这个模块是可以自定义的，如果卖家精心设计过，自然会让买家感觉到店铺独具的气质。自定义分类相当于一个店铺的横向目录，通过点击不同的分类项可以展示不同的页面，加深店铺的浏览深度。

（3）左侧分类模块设计。左侧分类模块，无疑是提高店铺浏览深度的一个非常重要的操作，而其中的类目排列则为重中之重。通过左侧模块可以向顾客展现店铺销售的各类商品，通过合理的排序，可以让顾客便捷快速地寻找需要的商品。增加相应的模块，如帮派入口、推荐商品、热销商品等，在优化分类搜索的同时，更有针对性地进一步向顾客展现产品及卖点，增加客户黏性。左侧分类模块主要的作用就是让客户快速搜索到相应的货品，增加搜索关联度、增加客户黏性。所以，左侧模块不能太过“素净”。清爽也是一种风格，但是却浪费了宝贵的空间。增加帮派入口、新款推荐、产品类别、本月爆款、产品热销排行榜、特价促销、一元换购等，都是很好的策略。这些模块的添加，会增加客户黏性，提升买家反复点击或者购买的行为。而买家停留的时间越长，购买的概率也就越高。

（4）右侧模块设计。右侧模块是店铺的首屏黄金位置，建议设置最新店铺活动、热销款、主打商品、快速导航。注意：一定要是图片性质，新颖的 BANNER 形式更加吸引人。店铺增加了右侧模块的细节处理，比如新品上线日期、商品配搭元素后，配合各种活动满足了追新买家的需求。通过相关数据分析发现：店面合理的布局，人气宝贝、热卖宝贝、滞销宝贝的分类排版，宝贝类目的组合排列，可以促进店铺流量增加，延长客户店内停留时间，提高页面访问深度，提高商品的关联销售，增强客户黏性。

（5）视觉文案设计。消费者从产生购买心理到发生购买行为，会经过观察——兴趣——联想——欲望——评价——信心——行动——感受的一系列过程，作为卖家，应该创造店铺内营销气氛，消除顾虑，增加消费者信心，从而使之产生购买行为。在产品促销活动策划中，作为活动策划的载体——文案，如果极具创意和视觉冲击力，再和视觉语言有机结合，无疑可以最大限度吸引买家进入店铺。

（6）流程化内容设计。事实上，对任何一家店铺进行深入剖析，都会发现一些被忽略的问题。有的设计感很强，但是可能不符合运营及管理流程，表面的视觉吸引力未必能实现店铺转化率。把自己当成买家，亲自操作购买流程就会发现问题。因为设计背后不是简单的色彩搭配，更牵扯到数据分析、搭建店铺、提升流量和转化率的手段步骤，只不过最终结果是以设计来呈现的。这一系列过程可以称作“流程化设计”。

流程化设计是为了搭建便捷的购物通道，通过深入分析客户的需求，努力使店铺目标和客户需求达成一致，直观呈现店铺整体流程导向，引导主动消费。简单来说，就是让顾客通过最简便、最快捷的通道搜索到自己想要的商品，以最轻便的路径成交，增加描述内关联推荐模块，以增加关联销售及增加页面的访问深度，实现商品→首页→商品以及商品→商品的店内封闭浏览路径。

到位的店铺诊断及定位+精准的用户数据及购买行为分析+合理的购物导向流程化设计+适时的营销策划及独到的文案点子+精湛的技术及敏锐的触觉=>页面访问深度增加=>提升转化率。

（三）店铺运营优化

店铺运营优化的内容包括店铺 Logo 优化、搜索引擎优化、店铺类目设计、Banner 设计、店铺关键词设计、店铺推广语设计、New Arrival 设计和 Hot Items 设计等内容，如图 4-3、图 4-4 所示。各项内容涉及的主题标示如下。

1. 店铺 Logo 优化设计

- 店铺的核心标志
- 品牌标志
- 集中展示店铺形象

2. 搜索引擎优化

- Top 长尾词（3 个左右单词）
- 结合最新热搜关键词
- 突出店铺产品特性
- SEO/Google 收录
- 站外搜索相关

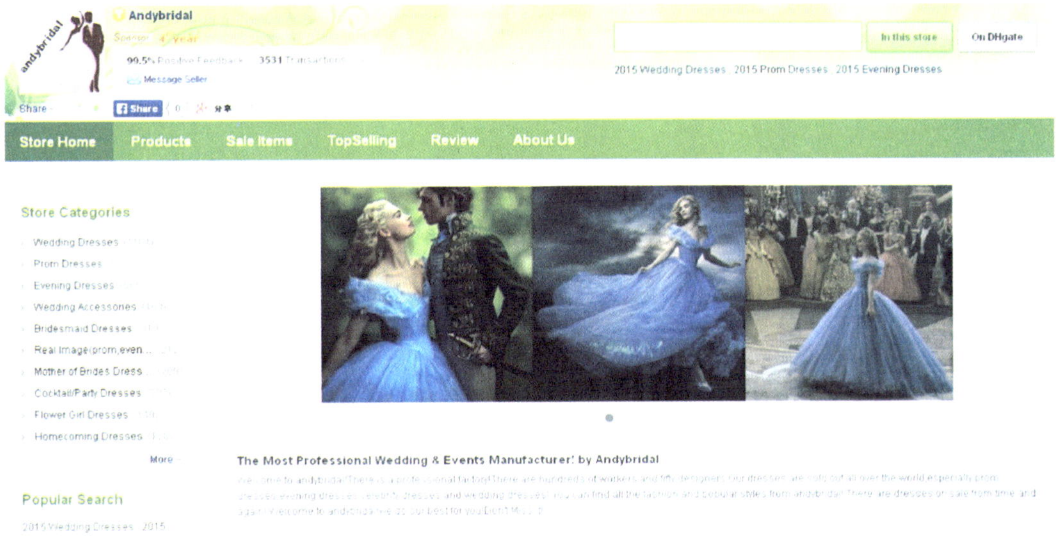

图 4-3　商铺设计

3. 店铺类目设计

- 产品紧密相关
- 核心类目
- 提升搜索流量

4. Banner 设计

- 美（高清，图文和谐）
- 店铺自主营销广告
- 重点类目入口
- 不宜设置过多帧

5. 店铺关键词设计

- 店铺产品相关
- 长尾词（3 个以上单词；12~15 个词组）
- 突出产品特性

6. 店铺推广语设计

- 主营产品/热卖产品+商家类型等
- 首字母大写
- SEO/Google 收录
- 符合英文表达习惯

7. New Arrival 设计

- 真正的新品
- 折扣产品适当控制

图 4-4 商铺设计

8. Hot Items 设计

- 与左侧 Top Selling 要有区分

- 折扣产品适当控制

二、上线产品优化

（一）产品拍照

若想给产品拍个靓照需要一些技术方法。首先需要准备三脚架、辅助灯光设备、摄影棚等，如图 4-5 所示。

图 4-5 摄影硬件设备

将上述设备摆放好，如图 4-6 所示。在拍摄前，别忘记把被摄物体擦干净。因为在拍摄表面比较光滑的静物时，上面很容易留下指纹和灰尘，所以拍摄时过程中取放物品时，特别是一些表面光滑且反光的小物件，要带上白手套。否则如果静物上有灰尘或者指纹，照片上将会有明显的污点。

图 4-6 图片拍摄环境搭建

1. 商品摆放与构图技术

商品的摆放其实也是一门艺术，同样的商品使用不同的造型和摆放方式会带来不同的视觉效果。

（1）放射式构图。以主体为核心，景物呈向四周放射的构图形式，如图 4-7 所示。可使人的注意力集中到被摄主体，而又有开阔、舒展、扩散的作用。常用于需要突出主体而场面又复杂的拍摄场合，也是使人物或景物在较复杂情况下产生特殊效果的表现手法。

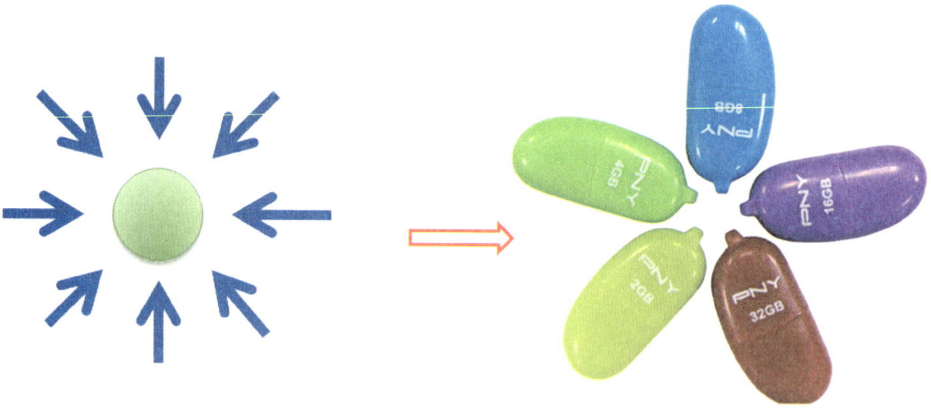

图 4-7　放射式构图

（2）对角构图。把主体安排在对角线上，能有效利用画面对角线的长度，同时也能使陪体与主体发生直接关系，如图 4-8 所示。对角构图富于动感，显得活泼，容易产生线条的汇聚趋势，吸引人的视线。

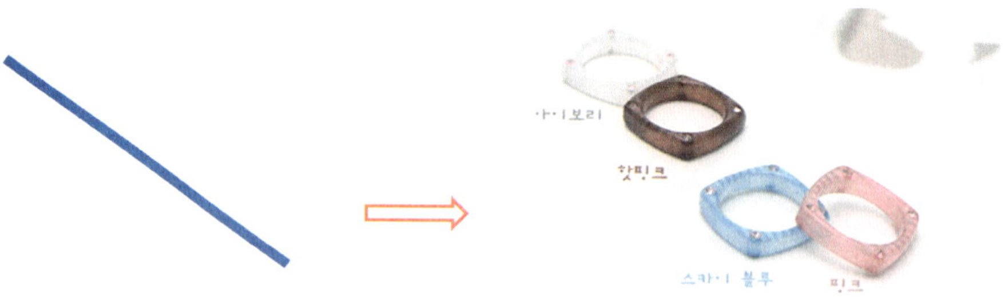

图 4-8　对角构图

（3）井字构图。井字构图也叫九宫格构图，将被摄主体或重要景物放在“九宫格”交叉点的位置上，“井”字的四个交叉点就是主体的最佳位置，如图 4-9 所示。一般认为，右上方的交叉点最为理想，其次为右下方的交叉点，但也不是一成不变的。这种构图方式较符合人们的视觉习惯，使主体自然成为视觉中心，具有突出主体、使画面趋向均衡的特点。

（4）斜线式构图。斜线式构图可分为立式斜垂线（如图 4-10 所示）和平式斜横线两种。常表现运动、流动、倾斜。也有的画面利用斜线指出特定的物体，起到固定导向的作用。

（5）三角构图。以三个视觉中心为景物的主要位置，有时是以三点成一面的几何形式安排景物的位置，形成一个稳定的三角形，如图 4-11 所示。这种三角形可以是正

图 4-9　井字构图

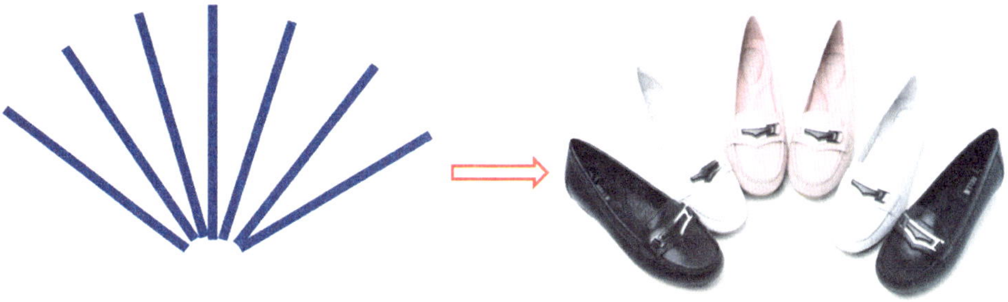

图 4-10　斜线式构图

三角，也可以是斜三角或倒三角。其中斜三角形较为常用，也较为灵活。三角形构图具有安定、均衡、灵活等特点，突出稳定感、跃动感、高度感和宽阔感。

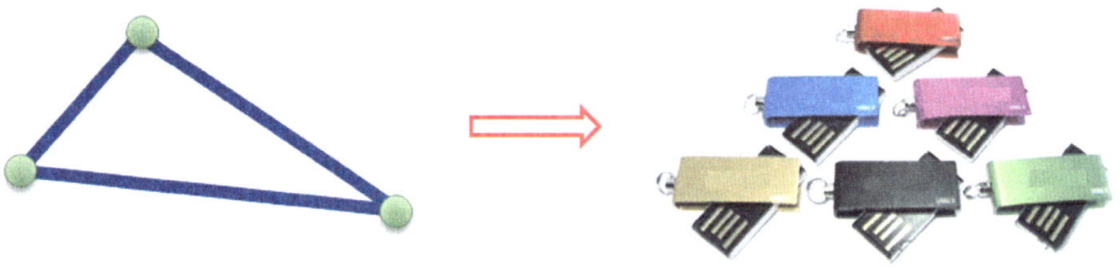

图 4-11　三角形构图

2. 产品图片拍摄注意事项

（1）考虑照片尺寸的大小。上传产品图片时，图片的长宽最低要保持在 250×250 像素以上，大小在 200KB 以内。

（2）注意拍摄时光线是否充足，并确认整件物品都能均匀采光。只要有可能，请尽量使用自然光，不要使用闪光灯。将相机架在脚架上，拍出来的相片会更加清晰。

图片的格式并没有严格要求，JPG、JPEG、GIF 都可以，图片以 4 到 8 张为宜。

（3）最好正反两个光线是在商品的斜对角方向，而不是正正面和正反面。

（4）选用与物品颜色对比的背景色。

利用素色的布料当背景，能让物品更加显眼。颜色较暗的物品及珠宝，可以使用纯白的背景。硬木地板对大、小型物品都是很适合的拍摄背景。背景应该简单，从而突出物品。如当物品颜色较浅时，可以用深色背景衬托物品。避免杂乱的拍摄背景，这样不但会分散买家的注意力，也会令买家弄不清你实际要出售的是什么物品。

（5）请考虑拍些细节和多角度（正面、背面、侧面、顶部）的特写，以便潜在买家可以更详细地看到物品的实际情况。

（6）产品配件、包装、赠品也需要在图片中体现出来，让买家通过图片直观了解。

（7）将相机的解像度设为中等（例如 1 024×768 像素），不但可以确保图片质素，也可加快图片档案在网站的上载时间，更方便进行图片编辑。

（8）拍摄物品时，拉近距离并选取一个好角度。图片中的物品尺寸必须够大，以便清楚显示物品的细节。可以的话，就让物品占满整个图片画面。加入多张图片可让买家对物品有更进一步的了解。例如，卖家可以拍摄物品标签、原先的包装和配件等。

（9）如有需要，也可以加入物品比例的图示。

（10）如果物品有瑕疵、磨损或破裂，请务必用图片将这些物品状况显示出来。

3. 产品拍摄避免事项

（1）请勿在未经许可的情形下，复制其他平台卖家或厂商的图片。

（2）如果你的物品会反射光线，例如镜子或相框上的玻璃，请不要使用闪光灯拍摄。

（3）尽量不要使用闪光灯。

（4）如果相机闪光灯自动弹起，表示你需要额外的光源，或是现场的自然光不足。

（二）产品描述

产品描述包括产品标题和产品内容描述两个部分。

1. 产品标题

产品标题是匹配关键词搜索、影响产品曝光率的关键。在产品标题上尽可能多地完善关键词，精准关键词与长尾关键词相结合，把那些烦琐、累赘的形容词变成精准的关键词，这样能大大提高产品被买家搜索的机会，进而提升销量。

关键词设置也要注意一定的技巧，关键词一般由精准和长尾关键词两部分组成，建议产品名称中包含 30% 的长尾关键词，另外 70% 最好书写精准的关键词，比如一款产品的多个常用的英文名称，产品包含的关键功能特征和特有属性等。标题要尽可能多包含关键词，同时要包含商品属性、销售方式等。

输入产品标题时应该注意如下几点：

（1）使用关键词来组合标题，可以包括产品名称、型号、功能、特点、性能等。

（2）尽量用尽 140 个字符。

（3）关键词之间通过空格间隔，尽量避免使用标点符号。

（4）不要使用“Free Shipping”，“Wholesale”，系统会根据产品设置自行添加。

（5）重要关键词写在前面。

（6）符合英文读写习惯。

（7）注意标题的可读性，避免关键词堆砌。

2. 产品内容描述

系统自定义属性填写准确完整，是对产品描述的有效补充。产品规格说明填写完整且准确的产品，往往比没有写产品规格说明的产品更有针对性。在产品规格说明中，可以填写如颜色、尺寸、款式、配件、贸易方式等产品参数，最多可输入 40 个字符。

首先，产品内容描述需要遵守平台规则。严禁留下任何形式的站外联系方式；要使用英文，不能使用中文；所有内容包括图片不能超过 400K；不支持动态代码。

其次，产品内容描述也需要体现设计风格。版式要优美，内容简洁明了，不必过分花哨。

最后，产品详细描述中可以添加更多产品图片位置上传之外的图片，请避免上传重复图片；填写准确的产品参数信息、产品使用信息、产品安装步骤和使用须知；明确售后服务，表明提供的退换货、快递发货等优质服务；介绍产品运输方式，交易出现问题的赔付细则；建议留下公司资质介绍；为自己的产品制定统一的模板。

商户可以从本地电脑中上传产品图片，也可以在产品详细描述中插入图片。敦煌网的产品相册功能，免费提供一定容量的图片空间，并且采用国际领先的图片加速功能，让产品图片在国外打开速度更快，更能获得多国买家的青睐。

此外，进行产品内容描述时还应注意下列事项：

（1）信息内容质量。影响信息质量的因素包括标题、首图、产品属性、产品详细描述、价格区间设置，运费设置等。

（2）正面及全景图作为首图，这样能吸引买家点击。尽量传满 8 张图片，通过多角度、多细节展示，让买家充分了解所销售的产品。同时，请避免重复上传图片。

（3）产品详细描述中，尽可能少使用图片，填写详细准确的商品描述、商品参数、功能特性等，还得对购买、支付、货运方式、货运时间、运费、售后保障、确认收货、评价等进行一些适当的描述。这样不仅能大大提高你的产品信息质量，还能让买家详细了解购买、货运等相关情况，减少售前及售后咨询量，减少交易纠纷，加快资金周转。运费设置方面，可包含免运费的运输方式，免运费商品更能获得买家的青睐。

（4）此外，清晰列明您所提供的政策和服务，打消买家购物前的种种疑虑，同时也有效避免交易过程中因政策不明而引发的纠纷，提高买家满意度的同时赢得更多的交易机会。除了在平台的登录物品设置中完成支付、货运、退换货政策的相应填写流程之外，还需要物品页面里将政策和服务都具体化。

① 标明支付政策

标明所提供的收款方式，如可以添加付款详情链接以及待付款的时间期限。

② 标明货运政策

货运政策应包含明确的货运方式、货物送达地区、货物派送时间。要特别向买家强调国际货运的概念，可能会由于海关方面而导致货运时间延长，产生进口税和关税等额外费用，解释缴税职责。

③ 标明退换货政策

标明退换货的时间期限、货物退还时的状况以及退还货物的国际运输费用的承担方。提示买家任何物品均有保修期，发生问题不要耽搁，而应按照标明的退换货政策，尽快处理。标明退换货政策在体现卖家责任感的同时，如果发生纠纷也有据可依。

④ 标明联系方式

标明买家遇到任何问题都可以通过单击站内信沟通或是直接通过敦煌通聊天工具联系您；标明您会给予答复的时间或者您的具体办公时间，由于时区不同请务必提醒买家会产生时差，您可以在物品页面中添加“世界时钟”来帮助买家查看您的工作时间。

详细描述中可输入8万个字符，支持HTML语言。将买家比较关注的产品的特色、功能、服务、包装及运输信息等展示出来，让买家尽可能多地了解产品相关信息。还可以通过一些个性化的描述展现您的专业性，如制作模板、敦煌网相关产品的站内链接，向买家展示更多的相关产品，引起买家的兴趣。但是需要注意的是详细描述中不能出现敦煌网以外的链接，禁止出现任何形式的联系方式，如邮箱、公司网址、SKYPE等。另外，注意使用英文填写产品信息，以便买家在搜索时可以准确地了解产品的各种情况。

（三）产品上传

任何一个商务平台都有上百万种甚至上亿种产品，如何让自己的产品在众多的产品中脱颖而出对任何一个商家来说都是必修课。

1. 选对类目

国外买家一般是通过关键词搜索或类目来寻找产品的，产品类目放置正确，能够让买家快速准确地寻找到所需的产品，使您的产品从海量产品信息中脱颖而出。

2. 注意事项

在敦煌网，上传产品图片时需要注意以下几点：

（1）不要在图片上留下敦煌网以外的任何联系方式；

（2）不要上传可能涉及品牌侵权或违规的图片，详情参见《敦煌网产品发布规则》；

（3）当两个产品的首张产品图片重复时，会被敦煌网视为重复产品，因此请不要将同一张图引用为不同产品的首图。

（四）产品定价

对大部分新卖家而言，如何定价是常见的困扰。过高或过低的定价都不能为卖家赢得大量订单。

1. 了解产品定价分类

依据不同的标准，网络产品定价有很多策略。比如依据产品价值和利润关系，网络产品的定价包括成本定价、利润定价和比较竞争定价；依据产品的市场时期分为新产品定价、成长期产品定价、成熟期产品定价和衰退期产品定价等不同方法和策略。

2. 了解海外零售价格

多了解同行业外贸网站的商品零售价，对定价是很有帮助的。可以关注一些外贸网站，输入所销售产品的关键词，查看类似产品在海外的销售价格。经过了解以后，能发现自己的产品定价如果高于这些网站，可能价格上就没有竞争力了。

3. 预测买家可接受的成交价

经过以上网站同类商品的比价得出规律，推测出海外买家可以接受的成交价。

4. 预估利润空间

要合理预估自己对一件商品的预期利润，再加上物流运费，才是最终网上销售的价格。用这个网上销售的价格与推测出来的海外买家可接受价格进行比较。通常自己的定价不能高于买家可接受的成交价。

提示：无论采用哪种定价策略，都不能脱离平台，要针对平台内竞争对手制定合理的销售价格和打包方式。

三、搜索引擎优化

搜索引擎营销有被动搜索和主动搜索两种。其中，被动搜索包括搜索引擎竞价（PPC）、搜索引擎优化（SEO）。大部分网站都会不断优化网站结构，获得更好的自然排名结果，当然这是一项长期工作，需要企业长期的投入和关注。

对于卖家来说，更深刻地了解敦煌网的搜索规则有利于卖家更好地上传产品相关信息，提升产品的搜索排名，以便于获取更多的用户浏览机会，得到更多的订单。

根据敦煌网目前搜索规则，影响搜索排名最主要的因素为搜索词与产品的相关性和产品质量。

（一）搜索词与产品描述的相关性

买家输入搜索关键词后，搜索引擎会在海量产品中搜索相关产品。因此商品标题描述和商品的属性描述和用户搜索关键词的相关程度成为关键。

1. 商品标题描述

商品标题描述作为商品描述的主要信息项，是搜索匹配的关键因素。如搜索 Wedding Dress，在商品标题中有 Wedding Dress 在搜索排序中就会有较高的得分，如图 4-12 所示。

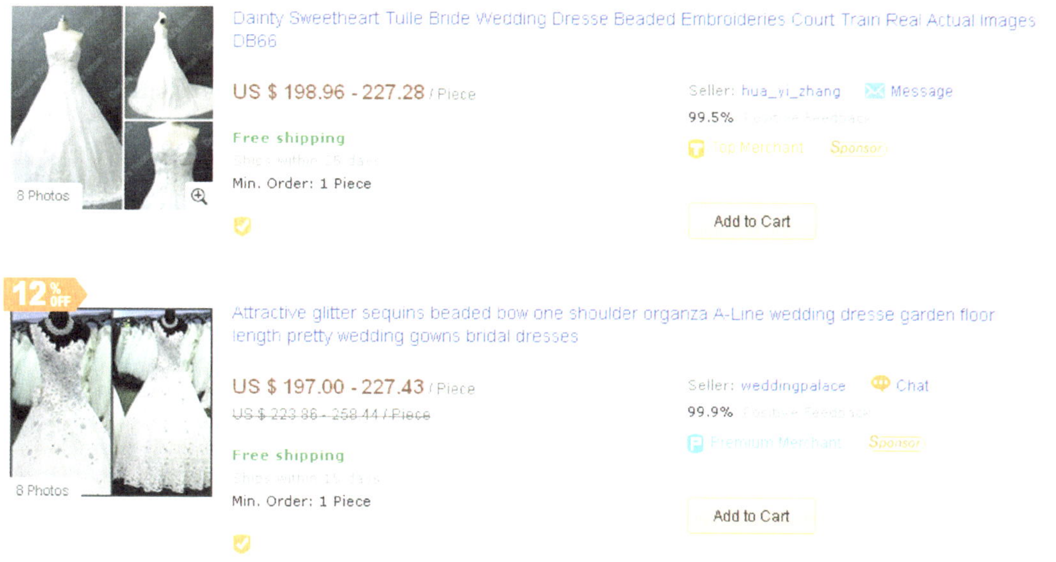

图 4-12 商品关键词的页面布局

2. 商品的属性

作为描述商品的关键信息，也是影响搜索排序的主要因素。

这就需要卖家尽量完善产品的属性信息，确保每一个产品的属性都全面准确，这对获取优质排名非常有帮助。例如搜索 Pink Phone Shell，即使产品标题中没有包含 pink，但是产品的属性有 pink，也会被搜索命中，如图 4-13 所示。

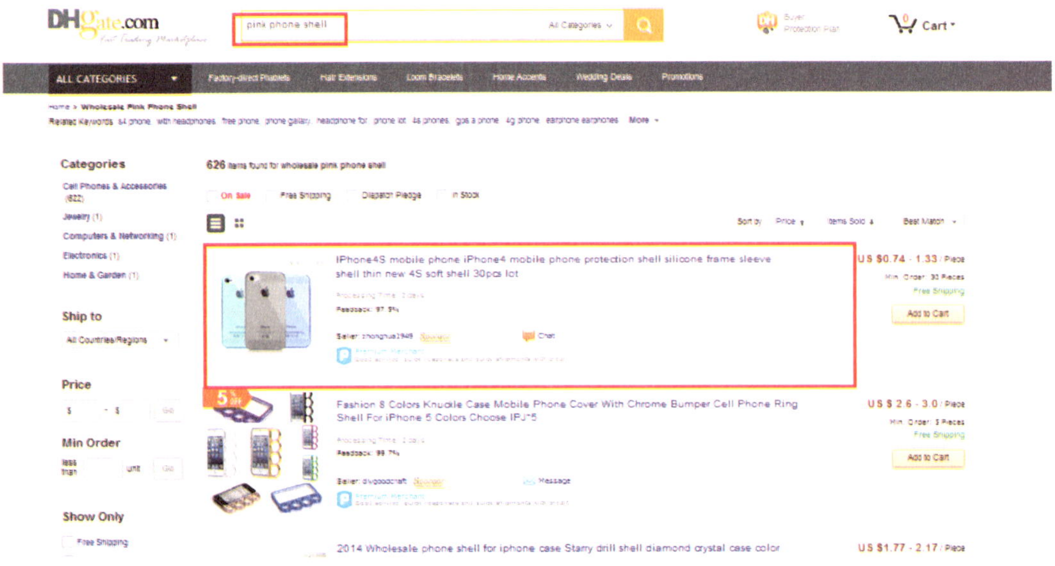

图 4-13　关键词搜索

（二）搜索词和产品类目的相关性

除了产品信息和用户的搜索输入关键词的相关性外，产品所在类目和搜索关键词的相关性也会有一定的得分，产品所在类目和用户搜索关键词的相关性是由平台通过用户的海量搜索数据推衍而出的。简单来说，同一个搜索关键词，在搜索后被点击的产品属于哪个类目的数量就决定了这个类目和这个搜索关键词的相关性。

而对卖家来说，在上传商品时，选择商品的所属类目就成了影响产品搜索排序的主要因素，举个反向例子来说，如果把一件衣服在上传产品时选择了玩具类目，那么这件商品就会难见天日了。如果卖家不能确定自己上传的商品属于哪个类目不妨按照商品名称进行搜索，系统会给出分类建议。

（三）产品本身的质量

1. 产品自身的质量主要包含产品图片质量、产品价格、产品销售情况等。

（1）产品图片质量。只要卖家上传的图片数量达到 8 张且图像质量清晰，图片内容涵盖了产品的主体、细节、包装、材质等，足以让买家通过图片了解到产品的主要特性，就可以在产品质量的图片分数上，得到一个比较高的得分。

（2）产品的价格。平台鼓励卖家的商品定价符合平台上该类产品的主流售价，越贴近于平台上的主流价格越会在价格上有更多的得分。

（3）产品的销售情况。相同时间段内，产品的销售数量越多，产品的销售得分越高。

（4）产品的销售转化率。平台既关注产品的整体销量，也关注产品转化率，在同等曝光的情况下，成交订单越多得分会越高。如果一段时间内虽然持续曝光，但出单很差，分数就会下降。

2. 除了相关度以及产品质量外，影响搜索排名的因素还包括卖家的服务水平，因为在外贸交易中，卖家的服务水平本身也是影响商品成交的主要因素。平台在搜索排序时，会把卖家在以往交易中体现出的服务水平作为卖家的服务水平得分进行加分奖励。而具体的服务得分由以下几个项目组成：

（1）订单的用户评价。平台会汇总卖家的所有订单的买家评价，作为服务得分的一个重要依据，好评率越高，服务得分越高。

（2）交易纠纷率。在交易过程中，尤其是在外贸交易过程中，纠纷是很难避免的。卖家应当与买家进行细致的沟通，尽量不要对买家做出无法履行的承诺，尽量避免交易纠纷。交易纠纷率越低，服务得分越高。

（3）交易退款率。和交易纠纷率类似，平台同样认为交易退款的比率越低，卖家的服务水平越高，会给予卖家对应的商品得分越高。

（4）买家重复购买率。如果一个卖家服务的所有买家中，能在未来回到平台继续产生购买的比率越高，意味着这个卖家的服务水平就越高，他就会得到更多的服务加分。这里买家重复购买不仅仅是指在这个卖家的重复购买，也包括在平台上其他卖家购买。

（5）在线时长以及在线消息的回复效率。在外贸大额交易过程中，尽管卖家上传的产品信息很丰富，但是往往买家也会有很多个性化的需求以及问题需要和卖家进行及时的沟通，这就需要卖家经常在线以及尽量快地回复买家，这样搜索排序的时候就会得到更高的得分。当然，这里的回复必须是有效的。

四、电子邮件营销

电子邮件营销（Email Direct Marketing，EDM 营销），是中小型外贸企业常用的营销推广方式，也是投资最小的一种方式。无论对外贸公司还是外贸 SOHO 人士，电子邮件营销都是很好的维护客户的方法。

（一）第一封推广邮件设计

第一封外贸推销邮件在外贸业务中可能就如我们和陌生人交往时彼此之间留下的第一印象。我们第一次与陌生买家交往中怎样才能给买家带来好的印象呢？最重要的是要对自己的产品百分百熟悉，特别是自己要推销的某种新产品，对其必须要做全方位的深入了解。

写第一封英文函电，首先我们必须有个好的标题——吸引买家注意的标题，这样买家才有可能打开看我们的邮件。其次我们必须简单扼要，一目了然。推销的文字不要多，不要太长，越简单越好，同时也要介绍自己产品的卖点。

具体设计如下：

第一段：简明扼要地告诉客人我们怎样得知客户需求信息，最好是一句话。

第二段：简单扼要地告诉客人我们是该产品的专业生产商或供应商，我们有上乘质量及具有竞争力的价格。现特别推荐我们的新产品，畅销的一个品种来给客人。最多不要超过两句话。

第三段：详细地描述所推荐产品，越全面越好。通常是对产品品名、性能、材料、价格、产品规格、包装规格、技术参数、付款方式、生产时间、样品提供情况等每一环节要做详细介绍，但也不能太烦琐。

第四段：希望能够得到客人的评价及回复，如有任何疑问，欢迎随时沟通，我们便在第一时间给予客人回复。最好是一句话。

第五段：留下联系方式，最好含有公司的电子邮件地址、公司的网页。

很多推广邮件不成功，往往是因为使用太多的文字来介绍自己的公司背景，其实这是很大的败笔。买家每天收到很多推销邮件，很少有时间来研究任何一家公司的背景，通常将烦琐的文字做垃圾邮件来处理。另外，第一次联系客户时，除非客户在询盘中提出，最好不要主动附图，以免被删或被国外反垃圾邮件软件拦截。

（二）邮件列表营销及数据管理

作为 EDM 营销的第一步，企业要收集到准客户的邮件数据（邮件地址）。跨境电商网站的订阅用户、网站会员的邮件地址、网站上具有购买记录的邮件地址等都是企业的邮件数据来源，皆可采集。

关于邮件列表，当前很多商家都是采取购买的方式来获得邮件列表，这种方式虽然快，但是往往获得的列表名单中只有极少一部分是符合商家要求的。邮件列表质量低下，严重影响 EDM 营销的效应，强烈建议商家开展“许可式邮件营销”。所谓的“许可式邮件营销”指的是会员营销，即不建议对此前与企业没有任何关系的用户做邮件营销。邮件营销平台帮助企业从邮件数据采集开始，一步步走向邮件营销的成功。

企业要想获得一个高质量的邮件列表，还要做好邮件数据分类管理，删除重复数据，如果用户提交的地址有误，尽量修复无效电邮地址；对于已具有购买记录的用户数据，根据用户消费习惯、消费水平、地域、性别等对邮件地址进行分类；在邮件营销过程中，使用跟踪工具，对数据进行定期归类整理，如有打开记录的地址、有转化的地址、取消订阅的地址等。

（三）提升邮件标题和内容质量

邮件质量，如邮件标题、邮件内容、模板等都是直接影响邮件营销效果的因素。

1. 设置好邮件标题提升开信率

最好的标题告诉订阅者邮件的内容是什么，而最差的标题则试图通过邮件销售产品。在电子邮件营销中，不要让你的标题看起来像是广告。标题中的商业味越重，邮件被打开的可能性就越小。要提升开信率，标题应该做到以下几点：

（1）简短有力。通常人在一个标题上不会花超过 3 秒钟的时间，所以标题应尽量简洁，不能超过 50 个字符。

（2）表明身份。标题可以和寄件者名称相呼应，表明公司或品牌，让收件人放心打开。因为，发件人中除了显示的发件人名称和邮件地址之外，很难容纳更为详尽的信息，收件人对发件人的信任还需要通过邮件标题来进一步强化。将邮件标题的空间留出一部分来推广品牌是很有必要的，尤其是在用户对企业品牌信任度不高的情况下更显重要。根据美国的一项调查显示，加上收件人姓名会增加至少3%的开启率。

（3）开头语。开头语简洁带过证明你是专业而老练的商人，可立即拉近与客户的距离，而对商人来说过多的寒暄实在是多余；不少人喜欢一开始就说从何得知该客户的。建议一般情况下不用提，客户在哪里发布过求购信息，客户自己知道，重提显得多余。开头语忌讳过多介绍自己，因为会给人一种推销的感觉，给人的第一感觉不好。事实上，没有几个客户会有耐心来阅读长篇介绍，不过多介绍自己反而会给客户一种很自信、专业的印象，这种印象是非常重要的。一般来讲，介绍性语言超过两句即是“过多”。

（4）准确描述邮件内容。标题应概括邮件主要内容，包括产品信息、优惠活动、活动截止时间等。

（5）不重复。不要在连续几封邮件中使用相同主题，否则容易引起收件人厌恶。

（6）字母大小写及标点符号。标题栏内如果字母全部是大写或有太多的感叹号会让邮件看起来像垃圾邮件或病毒。总体来说，标题内容应抓住客户的心理，如好奇心、贪便宜、紧迫性等。要避免使用垃圾邮件常用的单词和符号，例如“免费”“派送”、“优惠”以及感叹号等其他特殊标点等。

（7）标题尽量体现品牌或产品信息。尽可能将有独特价值的产品、信息或者给人印象深刻的品牌放置在邮件标题中，即使用户不阅读邮件内容也会留下一定印象。

（8）标题含有重要的关键词。关键词在用户进行搜索邮件时是十分管用的，因为很多用户在收到邮件的时候可能不会产生下一步的动作，而是会在收到邮件一段时间后回想起自己曾经收到过一封标题中含有自己需要的关键词的邮件，进而进行搜索。

2. 优化邮件内容，提升邮件转化率

要吸引客户进入企业购买商品，即需要提高邮件点击率，从而提高转化率。在邮件内容方面，需要注意以下方面：

（1）电邮模板的大小。标准宽区间为：600~650像素；高度以不超过1 200像素为宜，即2.5屏。

（2）图片标签。大多数的电邮服务器如Yahoo，Gmail，Hotmail等都不会自动显示电邮中的图片，需要用户点击“显示图片”才能看到图片内容。此外，可以用文字和背景色块打造邮件的主题，即使图片没有显示，收件人也能清楚了解到邮件的内容。

（3）图片的处理。建议将超过15K的图片分割成小图片，以保证顺利下载图片以及下载的时间不会太长。要注意的是，模板不要使用背景图片，有些邮箱或邮件客户端默认是不显示背景图片的。

（4）邮件内容设计

① 优惠信息。产品介绍中可展示产品原价、优惠价格以及节省了多少，提高用户的兴趣度。

② 明显的链接。确保链接清晰可见，有效使用提醒或标签，使用户一眼识别出链接按钮。

③ 使用动态图片。适当使用gif图片，增加视觉感受，提高点击率。

④ 引起行动。邮件营销平台建议在电邮中加上能引起收件人行动的一些语句，如“优惠仅在 48 小时内有效/售完即止”等，关键是要营造一种紧迫感。企业还可以提供一些折扣优惠或礼品来促进客户点击。

⑤ 使用 A/B test，分析用户偏好，提供合适的电邮内容。

（四）把握邮件发送时间和频率

企业一天中什么时间群发邮件会更好？一个月中，群发邮件的周期和频率要怎么设定？数量上有什么讲究？这些具体的数据和规律都来自大量的实践，对于刚刚起步的企业来说，弥足珍贵。

1. 发送时间

并不是任何时段都适合发送邮件，要学会抓住客户的作息规律并善于分析。选择恰当的时间发送邮件会起到事半功倍的效果。就大部分商务人士而言，大多数会在下班的时间打开自己的邮箱，收件箱的大部分邮件都会被一键删除。而那些刚好在下班期间发出的邮件被开启的概率就会比其他邮件高很多。

2. 发送频率

客户的需求量再大也不喜欢天天收到邮件，所以要科学地掌握时间，定期给他们发送得邀请邮件、问候邮件等。

3. 发送数量

并不是发送得越多越好，同一个类型的邮件最多不能发给超过 5 个客户，同一个客户最多收到两封同样模板的邮件。

企业在进行 EDM 营销时，还要注意下列事项：一是重视知识产品问题，发送信息货真价实，不发虚假欺骗等不良信息；二是不同国家用户的消费习惯有很大的差异，需区别营销；三是邮件营销需高度重视移动端；四是将 SNS 营销（社交网络营销）和邮件营销相结合，重视用户分享。

五、付费广告营销

目前敦煌网平台的广告营销系统主要包括定价广告、竞价广告和展示计划三块内容。

（一）定价广告策略

定价广告是敦煌网整合网站的资源，为平台卖家打造的一系列推广展示位。定价广告分布于网站的高流量页面，占据了页面的焦点位置，以图片或者橱窗等形式展示。定价广告更适合品牌卖家、平台大卖家进行店铺推广。敦煌网卖家定价广告位置分类如图 4-14 所示。

（二）竞价广告策略

1. 竞价广告流程

（1）出价。竞价广告出价原则：卖家出价的最小单位是 1 敦，出价不能低于竞价位置的底价，每次出价不能和当前队列中已有的出价重复。

（2）排序。金橱窗展位取前 15 个产品，黄金展位取前 35 个产品，按照出价由高到低排序。

图 4-14　店铺广告位置

(3) 竞价类型。竞价类型分“自动竞价”和“手动竞价”两种，默认显示自动竞价。

(4) 扣款。扣款分为冻结、扣款、退款三种情况。

① 冻结。成功进入竞价队列后，在敦煌币账户中按照出价金额冻结；每次更新出价成功后，解冻之前的出价金额，然后按照新的出价金额进行冻结；产品被挤出竞价队列后不解除冻结的款项。

② 扣款。结算时对刚展示结束的广告扣款，按照最终冻结的金额进行扣款；如果广告是“自动竞价”，同时展示时候排名第一，按照“第二名出价+1 敦”的金额进行扣款。

③ 撤销和退款。已经投放竞价广告的产品不可撤销，所以在投放广告前需要慎重选择产品进行投放。由于卖家原因造成的广告不展示、不退款。由于敦煌平台造成的广告不展示，将会退还卖家相应的广告费。

2. 竞价广告技巧

为保障平台买家的利益，参与竞价广告的商户/卖家必须符合参与平台竞价广告的规则，避免纠纷比率和退款比率过高，增加平台的好评率，提高平台的审核通过率。

(1) 避免纠纷比率过高。为避免过高的纠纷率，卖家应及时回复买家信息，提高沟通技巧，站在买家角度考虑问题，及时更新产品信息。

(2) 避免退款比率过高。退款一般是由于断货或者价格设置错误导致，保证货源稳定是避免退款的关键因素；当货物有可能出现断货时，请在描述中醒目的位置标明库存量和相关提示，在发生退款时可以作为证据提供给客服中心，从而降低您的纠纷比率；参与 SKU（Stock Keeping Unit）认领项目，可以从工厂卖家那里找到稳定的货源。敦煌网要求工厂卖家上传的产品都要有现货，没有的就要马上下架，以保证货源的稳定性。另一种降低您退款率的重要手段是，当买家投诉“产品与描述不符”时，尽量与客户协商采用部分退款的方式解决，降低风险和退款比率。

(3) 增加好评率。及时与客户沟通，体现积极的态度和周到细致的服务，诚信+责任+沟通=高的信用指数。

(4) 规避平台审核问题。规范产品描述及设置，提高平台审核的通过率。

（三）展示计划策略

展示计划是敦煌网根据产品特性精准投放，按点击收费的一种广告投放服务，适合优质单品的推广。展示位置包括类目页的产品展示位、列表页下方的产品展示位、最终页第一屏展示位、Buyer 登录后的 My DHgate 首页展示位、Hot Selling 栏目优先推荐等形式。

1. 展示计划的产品计费

平台基于成熟的用户购买分析，精准投放展示产品，将产品展示给最具购买意向的用户；展示计划广告的收费方式为按点击收费（CPC）。参加展示计划并被成功展示的产品会按照展示期间的点击量收费，每次点击的价格为 1 敦；另外，国内 IP 点击不计费，国外同一 IP 产生的多次点击按一次计算，有效地杜绝了恶意刷点击行为。

2. 展示计划技巧

对于商户已经在网站上展示的所有产品，都可以加入展示计划。展示计划是系统分析购买需求，然后选取用户最可能购买的产品展示。所以为了得到更多的展示机会，商户应尽量选择热销程度、好评率、近期销量、描述完整度高的产品加入计划。

3. 加入展示计划流程

进入广告系统，卖家需要在导航上点“展示计划投放”进入展示计划投放界面，如图 4-15 所示。

图 4-15 展示计划投放页面

六、产品流量快车

产品流量快车（简称产品快车），是敦煌网为卖家量身打造的强力引流工具，被选为快车产品会在高流量搜索列表页中有专门的位置被曝光。卖家级别越高所获得快车使用数量也越多；增值会员可根据会员类型获得不同快车使用数量。流量快车产品会出现在产品类目列表页和关键词搜索列表页，卖家可看到流量快车标识，产品所在目录、关键词的相关度和产品质量决定了流量快车产品的排序。平台的商户（低于标准的商户除外）都能免费获得一定数量的流量快车。商户可以自行选择审核通过的上架产品，添加成为流量快车产品，从而获得搜索产品结果列表页的高流量。

1. 流量快车使用策略

（1）优化产品图片、特别是首图；

（2）审视产品目录关联性，产品所有关键词是否符合行业发展；

（3）产品最终页关联营销版块设定，提高转化率；

（4）控制店铺整体纠纷率、退款率，提高好评率；

（5）分析行业特色、季节、产品表现等因素，密切关注快车产品的转化数据，根据实际表现，及时更新快车推广产品。

另外，流量快车产品将不再参加普通的产品排序，如果当前产品流量已经达到一定水平且排序位置很好，建议选择其他产品作为流量快车产品。

2. 流量快车获取规则

一般，卖家级别越高所获得流量快车的使用数量也越多；增值会员可根据会员类型获得专享流量快车使用数量（总数与卖家级别不叠加）。流量快车数量获取规则如表 4-1 所示。

表 4-1 流量快车数量获取规则

增值卖家专享	
钻石礼包商户	36 个流量快车
白金礼包商户	24 个流量快车
黄金礼包商户	14 个流量快车
普通卖家可享	
顶级商户（T 级）	9 个流量快车
优秀商户（P 级）	6 个流量快车
标准商户（S 级）	3 个流量快车
低于标准商户	没有流量快车
新卖家扶持	
1 个产品处于正常上架状态	可获得 1 个流量快车
10 个商品处于正常上架状态	可获得 2 个流量快车
30 个商品处于正常上架状态	可获得 3 个流量快车

获取更多快车产品小支招：及时查看自己的商户级别，提升自己经营数据，以便获得更多数量的流量快车；购买增值服务包，享受增值卖家专享流量快车使用数量。

七、论坛营销

作为一名外贸卖家，首当其冲的任务就是吸引买家，要有买家来看自己的产品。外贸网店竞争日趋激烈，如何在众多竞争对手中脱颖而出就成为卖家要考虑的首要问题。此时，有效的自我推广就显得尤其重要，利用国外的 BBS 进行自我宣传推广不失为一个提高外贸网店人气和名气的好方法。

在线推广的目的是：直接获得潜在的买家流量，帮助商户的产品页面或者店铺页面在 Google 搜索结果中有更好的排名，从而直接从 Google 获得更多的流量。

（一）论坛推广策略

1. 及时跟帖回帖

BBS 为公众提供了交流的平台。外贸网店的卖家可以利用这一平台多发一些标题足够吸引眼球、内容能够引起话题的帖子，将自己所销售的产品和网店信息嵌入帖子中，这样一来只要帖子在 BBS 引起广泛讨论，那么所有跟帖的人自然会留意其中的信息，从而为网店的浏览量和产品的成交率做好了铺垫。如果帖子被 BBS 版主置顶或者加精，那么网店和产品的曝光率就会大大提升，即使没有被置顶或者加精也可以对跟帖的朋友进行一一回访以此提高成交率。

2. 设置个性签名档

千万不能小看签名档的作用，很多人在留意 BBS 主题内容的同时会对他人有个性的签名产生浓厚兴趣，而这群人就有可能成为潜在的买家。外贸卖家可以在自己的签名档里设置超链接到自己的网店，最好是以文字链接的方式进行设置，因为单独的一个链接肯定不能吸引他人的眼球。当他们对商户的签名档产生兴趣并将鼠标移动到上面时，外贸网店就会多增加一次销售机会。

3. 创意图片广告

BBS 虽然杜绝发广告帖，但这并不影响外贸卖家利用好的资源进行广告宣传。比较可行的一个方法就是在发帖或者回帖的时候发一些有创意、能够吸引眼球或者引起争议的图片，在这些图片上加上网店地址的水印，这种方法不仅能够避免被删帖的风险，还能加深买家的印象从而为网店带去可观的浏览量。

4. 热点事件营销

热点事件总会成为各大 BBS 的永恒主题，而国外相对宽松的舆论环境也让大家对热点事件的讨论更加积极踊跃。外贸零售卖家可以把握热点事件的机会，使自己销售的产品与热点事件产生关联度从而引起大家的注意，热点事件的讨论越激烈，卖家的曝光率就会越高。

5. BBS 线上活动

多参加 BBS 的线上活动可以帮助自己成为具备影响力的论坛红人，同时还能结交许多朋友，而与这些人进行进一步的交流之后他们很可能就会成为最终的买家。最可行的方法就是在论坛上多发精华帖和置顶帖，就大家关心的问题提出一些实质专业的意见。

（二）论坛推广原则

（1）融入论坛社区或者博客社区，而不是去垃圾群发广告信息。

（2）如果是论坛推广，能在一个论坛长期推广，并且有一定的影响力，远远大于去 100 个论坛发帖，结果最后全部被封号。

（3）不要心急。不要想着论坛第一帖就能发链接和宣传文字，先融入再隐形推广。

（4）推广主要是识别潜在的海外买家，但是这些推广都会有正面的搜索引擎意义优化（SEO）的。所以，发链接的时候注意使用正确的文本，此外，最好不要找有“no follow”标签的链接论坛做推广。

（5）无论从用户角度，还是从 SEO 角度，最好找与产品相关的论坛和博客进行推广。

（三）Twitter 服务

Twitter（非官方中文惯称“推特”）是一个社交网络及微博客服务的网站，它可以让用户更新不超过 140 个字符的消息，这些消息也被称作“推文”（Tweet）。Twitter 服务目前拥有超过 2 亿活跃用户，每天发送的信息量超 4 亿条。Twitter 作为社会性网络服务（Social Networking Services，SNS）的主媒体之一，具有实时性和时效性，开展 Twitter 营销可以为外贸网店快速导入大量的流量。

1. 如何利用 Twitter 增加外贸订单①?

（1）要想使用 Twitter 来做外贸推广，首先我们需要注册 Twitter 的账号，目前国内需要使用虚拟专用网络（Virtual Private Network，VPN）才可以访问。

（2）接下来的重中之重，就是在最短的时间关注更多的人，可以使用国外的免费 Twitter 工具 TwitterAdder，在上面输入你的 Twitter 账号密码，一次就可以随机关注 20 个好友。你可以同时打开多个窗口关注更多的人。比如你一次打开五个窗口，一轮下来关注就是 100 人，一天十轮就可以关注 1 000 人，即使只有 100 人反过来关注你，一个月也会有上千人关注你。

（3）Twitter 营销吸引粉丝还可以借助名人效应，你可以关注国外 Twitter 里面的名人，比如 Lady gaga，在她 Twitter 发布的第一时间回复，后面会有很多人回帖，你排在前面，就会有很多人点开看你。每次你都在前面，就会有很多人关注你的。

（4）利用 Twitter 的搜索功能。现在 Twitter 内部搜索结果是按照时间进行排名的，只要你是最新的，相关关键词你就排在前面，围绕一个关键词不停地更新，你就会排在 Twitter 搜索的前面。另外 Google 搜索结果里面开始融入 Twitter 结果，这样的话，只要你的 Twitter 是最新的且包含关键词，在别人没有更新之前，你在 Twitter 里就排在前面，显示在 Google 首页。Twitter 代表了实时搜索，Google 也会把实时搜索的结果考虑进去。

（5）可以在 Twitter 上面发起活动。当然这种活动首先要能够吸引 Twitter 用户，让他们踊跃参加，而要想吸引他们，最切合实际的做法就是能够有一定的回报，当然，物质回报是最受欢迎了。

2. Twitter 营销原则

（1）适应不是改变。每个平台都有其自身的特点和不足，我们不要总是想着“我能在这个平台做什么”，而是“大家在这儿做什么”。要学会总结用户的行为习惯，并试图创造一个他们感兴趣的活动来吸引他们。

（2）人性化思维。社会化的平台本来就是人的集散地，因此在这里要采用人性化的思维方式，设法解决用户的实际问题，发布贴近用户的内容，而不是冷冰冰地要求用

① http://blog.sina.com.cn/s/blog_a6ff54d50101a056.html，2015/05/31.

户转发什么内容，要真正适合用户的口味，这样才算是一次成功的 Twitter 营销。

（3）正面面对客户的言论。在社会化媒体中每个人都有平等的话语权，而每个人看待同一个问题的角度不可能是相同的，也许在开展 Twitter 营销时你要有敢于面对客户言论的勇气。现阶段 Twitter 的用户基数已经接近 2 亿人次，开展 Twitter 这种 SNS 营销方式，能够带来 SEO 推广以外的流量，增加外贸网店流量多样化，同时带来社区的互动和口碑，增近目标用户的信任度，进而提升总体的转化率。

（四）论坛推广资源

下面有一些论坛和博客网站供大家参考：

http://www. bollywoodheaven. com 宝莱坞论坛，签名里放链接；

http://www. golfmkv. com 大众汽车，签名里放链接；

http://www. mikafanclub. com mika 一个男歌手的歌迷论坛，签名里放链接；

http://www. butch-femme. com 女性论坛签名，帖子里都可以放链接；

http://www. skyscrapercity. com 世界各地文化景色签名，帖子里放链接；

http://www. ukbusinessforums. co. uk 商业论坛，签名里可以放链接；

http://blackpearlsims. com 游戏论坛，签名里放链接。

第五章　在线客户服务管理

敦煌网在线客服包括直接销售满意和服务逐级传递两个层面的内容，如图 5-1 所示。

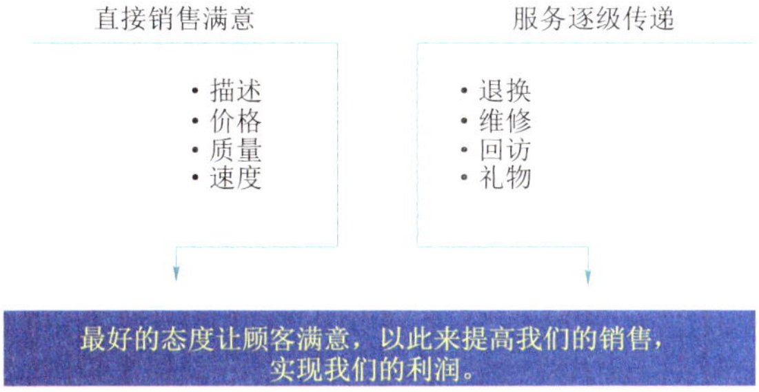

图 5-1　敦煌网客户服务内容

一、提高沟通效率

如果刚刚成为平台的卖家，可能还在学习如何在平台上销售产品，赚取利润。有无数的方法能够教你如何在平台上赚钱，比如说上传优质热销的产品等。但请不要忽视这个简单窍门：始终保持和所有平台买家的沟通。对于在平台上开展线上交易来说，把握沟通时机，巧设沟通内容，注意沟通技巧，定制沟通模板都能够大幅提高与客户沟通的效率，对商户提高客户服务水平具有不可低估的作用。

（一）把握沟通时机

充分利用交易前、交易中、交易后的时机，保持和客户或者潜在客户的沟通。

首先，交易前。如果卖的是很受欢迎的商品，可能会收到不少询盘。如果商品描述不够详细的话，毫无疑问也会收到海外买家的进一步咨询。建议回答所有的客户提问，提高销售可能性。

其次，交易中。但凡有买家购买商品，都会给他们发去对应金额的发票。在收到了货款后，还会打包商品并递送，最好在货物中添加一张感谢卡给买家好的体验。如果想给买家留下一个好印象，发送一封站内信，告诉客户货物已开始运输。很多买家都喜欢这种方式，因为他们可以由此推算出到货时间。如果有包裹追踪号码，最好一并提供。

最后，交易后。建议在货物送出的数天或者数周后和客户确认是否到货，并询问买家是否喜欢该货物。最好能在跟踪站内信中加入感谢的词句。应当感谢每一个有过合作的买家，并表示出希望以后继续交易的愿望。当今社会，虽然很多客户的确希望能再次合作，已经很少有卖家愿意为此表示谢意了。写些感谢的词句虽然只会占用几分钟，它们有时就会成为客户再次上门的理由。

随着竞争的日益激烈，必须做得比其他的卖家更好。做到这点的最好方法，就是能为客户想得更多。在成交前、交易时以及成交后，保持和客户的沟通，能赢得更多的好评，同时也会获得更多的回头客。他们才是利润的源泉！

（二）巧设沟通内容

交易前后与买家及时有效的沟通很重要，是影响服务质量的关键因素之一，良好的沟通能够让买家感受到卖家的诚恳、耐心，对服务更加满意，从而促成交易，减少纠纷。如果能有效利用与买家的沟通机会，结合优质产品和服务，定能提升交易量以及买家的回头率。与买家的沟通主要包括询盘和订单两方面。

1. 有关询盘的沟通

买家的询盘多半集中在产品价格、产品图片、产品规格、物流等问题。比如如果购买价格区间上限外的商品数量，价格是否可以优惠；想浏览更多的商品图片，了解商品质量；询问是否可以组合属性购买；询问物流时间、进口条件等。

2. 有关订单的沟通

（1）确定购买商品信息。买家下单时没有备注尺码或颜色，需站内信沟通，但有时买家回复不及时，会延长进货发货时间。

（2）确定买家收货地址。必要时需与买家确认收货地址是否正确。

（3）询问到货时间。某些地区小包发货时间较长，买家经常询问商品到货时间。因此，根据总结的几种类型，整理出常用的站内信模板，可以更加规范、更加快捷地回复买家，同时可以让买家感受到更加专业、周到的服务。

（三）客户沟通技巧

在跨境电商平台上做交易，与客户的沟通是交易成败的关键。卖家不仅在交易前需要就产品特点、交易条件等与买家反复沟通，而且在交易过程中甚至交易结束之后，可能还要与客户沟通有关问题。在此介绍适用网络贸易沟通的沟通技巧 13 招①。

第 1 招　充满信心地进行沟通

—You can ask me any question.

任何有意交易的人，都希望他的沟通对手是个举足轻重的人物。让对手认为你是有决策力的人，最直接的方法便是告诉他“You can ask me any question.”（您可以问我任何问题）。

第 2 招　准备充实完备的资料

—We have a pamphlet in English.

具体的物品通常比口头描述更有说服力。如果客户听到你说“We have a pamphlet in English.”（我们有英文的小册子）或“We will send you a sample.”（我们会为您寄去样品）时，一定会对公司的专业实力信心大增。所以在交易磋商之前，对产品资料要了

---

① 根据 http://www.doc88.com/p-9955961312733.html“与外商沟通 33 招”整理，2015/05/28。

如指掌，这样在客户询问和产品有关的问题时便能有问必答。

第 3 招　实事求是不要吹牛

—Don't boast!

磋商者往往为了达成协议而向对方做过分不实的吹嘘。这种情形在向他人推销产品时，尤其常见。顾客因听信你的吹牛而购买产品，进而造成损失，轻者不再与你打交道；严重的，恐怕还要告你欺诈。所以在向他人做“We can give you a guarantee 100 years.”（我们可以给您一百年的保证。）这一类的承诺时，最好先斟酌一番。

第 4 招　倾听询问对方意见

—What is your opinion?

每个人都希望自己的意见受到重视。当你和他人进行沟通时，除了说出自己的想法以外，随时可加上一句“What is your opinion?”（你的意见是?）或“I'd like to know your ideas about the problem.”（我想听听你对这个问题的看法。）不但让对方感觉受到重视，更能使你们因思想的交流而逐渐达成协议。

第 5 招　澄清对方所讲的意思

—Can you explain it more precisely?

英语不是我们的母语，有时弄不清楚对方的意思也属于正常现象。此时加上一句“Could you explain it more precisely?”（您能解释得更明白一点吗?）来澄清对方的真实想法，是十分必要的。

第 6 招　做适当的让步

—The best compromise we can make is...

沟通双方的互相让步，最常见的例子就是讨价还价。不论你的对手是如何的咄咄逼人，你总得做一个最后的让步：“The best compromise we can make is … ”（我们所能做的最好的折中办法是…）或是“This is the lowest possible price.”（这是最低的可能价格了）。

第 7 招　适当的时候果断说“不”

—No, but…

在商务沟通上，该拒绝时，就应该斩钉截铁地说“No!”。拐弯抹角地用“That's difficult”（那很困难）或“Yes, but...”（好是好，可是……）来搪塞，会令对方觉得你答应得不够干脆，而不是在委婉地拒绝。如果你说“No, but…”对方便清楚地知道你是拒绝了，但似乎还可以谈谈。这个时候，你因为已先用“No”牵制对方，而站在沟通的有利位置上了。

第 8 招　不要催促对手下决定

—Stop asking “Have you decided?”

当对方需要时间来考虑一下方案时，千万不要一直催促他“Hare you decided?”（你决定了没有）。那样，你不但干扰了他的思考，也可能激怒他。结果原本可能达成的协议或许就此泡汤了。

第 9 招　不要仓促地做决定

—Please let me think it over.

在商场上讲求信用，一旦允诺人家的事情，要再反悔，会令人产生不良印象。因此，在下决定之前，务必要经过深思熟虑。如果你正在和客户商谈一件无法立即下决定的事时，不妨请他给你一点时间“Please let me think it over.”（请让我考虑一下）或“Would it be all right to give you an answer tomorrow?”（明天再答复您行吗？）切记，仓促地下决定往往招致严重的后果！

第 10 招　勇敢承认自己的过失

—It's my fault.

如果明显的是自己犯了错，并且对客户造成了伤害或损失，一句充满歉意的“I'm sorry. It's my fault.”（对不起，是我的错。）通常能够获得对方的原谅。就算对方很懊恼，至少也能稍微缓和一下情绪。做无谓的辩解，只能火上加油，扩大事端。

第 11 招　展示解决问题的诚意

—Please tell me about it.

当客户向你提出抱怨时，你应该做的事是设法安抚他。最好的办法就是对他提出的抱怨表示关切与解决的诚意。你的一句“Please tell me about it”（请告诉我这件事的情况。）或“I'm sorry for my error and I assure you I will take great care in performing the work”（我为我的错误感到抱歉，并向您保证，我会尽全力处理此事）令对方觉得你有责任感，也会恢复对你的信任。

第 12 招　找出问题症结所在

—What seems to be the trouble?

任何一个冲突或误解的产生，都有潜在原因。向对方探询“What seems to be the trouble?”（有什么困难吗？）或问一句“Is here something that needs our attention?”（有什么需要我们注意的吗？）都能表示你对事情的关切。知道问题的症结，才有办法进行沟通。

第 13 招　及时提出补救的建议

—We'll send you a replacement right away.

当损失已经造成时，适时地提出补救方法，往往能使沟通免于陷入僵局，甚至得以圆满解决。例如运送到客户手上的货物确实不是订单上所标明的，而你又能立即向他保证“We'll send you a replacement right away.”（我们会立即寄给您一批替换品。）或者告诉他“We can adjust the price for you if you keep the material.”（如果您留下这批材料，我们可以为您调整价格。）那么，客户心中的忧虑必定立刻减半，而愿意考虑您的提议。

（四）定制沟通模板

在外贸交易中，卖家良好的沟通技巧可以给买家带来很好的购物体验，从而提升交易的成功率和重复购买率，商户如果能够总结自己与客户沟通的常见问题，制定常用沟通模板，将大大提高与客户沟通的效率。以下是买卖双方日常沟通常用模板示例。

例 1　欢迎买家光顾店铺

Hello, my dear friend. Thank you for your visiting to my store, you can find the products you need from my store. If there are no items that you need, you can also tell us so that we can help you to find the source, please feel free to buy anything! Thanks again.

例 2　鼓励买家提高订单数量和金额

Thank you for your inquiry, here is the product's link you need. if you could buy more than 100 pieces, we can give you a wholesale price, $25/piece.

例 3　交易中，通知买家查看物流情况

The goods you ordered have been sent to you. It's on the way now. Please pay attention to the delivery and sign as soon as possible. If you have any questions, please feel free to contact me.

例 4　完成交易表示感谢，并希望再次光临

Thank you for your purchase, I have prepared you some gifts, which will be sent to you along with the goods. Sincerely hope you like it. I'll give you a discount, if you would like to purchase other products.

例 5　采购季节推广新产品

Hi friends, Christmas is coming and Christmas gift has a large potential market. Many buyers bought them for resale in their own store, it is a high profit margin product, please click our Christmas gift link to check them. If you could buy more than 10 pieces, we can offer you a wholesale price. Best Regards.

例 6　货物断货推荐其他款式

货物偶尔的断货只要认真解释一下，买家能够理解，最好的办法是告诉买家自己会积极尽量帮他找到她所需要的产品，同时向他介绍类似的款式供其选择。

Hi friend, we are really sorry that the shoes you order are out of stock at the moment. I will contact the factory immediately to see when they are going to be available again. I would like to recommend you some other pretty shoes of the same style. Hope you like them as well. You can click on the following link to check them out. If there's anything I can help please feel free to contact us. Best Regards.

二、区别客户群体

网购消费群体一般来说分为质量导向型、价格导向型、情感导向型、评价导向型四种类型。针对不同类型的消费者，在沟通的时候侧重点应该有所不同。

1. 针对质量导向型的消费群体

在描述中突出该商品的性能优势，让该群体买家有深入了解的欲望。如 LED bulbs use 85% less energy and last up to 20 years longer than incandescent bulbs。

2. 针对价格导向型的消费群体

在描述中突出该商品的价格优势，以吸引这部分人群的注意力。如 Unbelievable!! Only $109.9, the whole sets of Lamp will go your home, $69.9 instant saving now.

3. 针对情感导向型的消费群体

在描述中突出该商品传承的情感元素，告诉买家此物能够代替他/她表达什么的情感，多以分享爱、幸运、永恒、炫为主题；如：Four-leaf clover stone symbolizes good luck, don't hesitate to bring your family luck. Share your love with the people you love。

4. 针对评价导向型的消费群体

可以在描述中突出该商品的历史真实好评，从而吸引买家驻足。

可以把商品本身蕴涵的特别故事、使用的特殊材料、不同寻常的产地，或者怪异的设计等作为卖点，适当地加入到描述当中，用物品的独特魅力吸引买家。当然，描述物品时要合理控制买家的预期，不要过分夸大卖点，更不能虚假炒作，以免买家不信任而留下差评，甚至引发“货物与描述不符”的纠纷。

三、提升客户满意度

商户进行沟通的目的就是为了提高客户的满意度，进而提高其光临网店的频率和购买的频率。因此在提高客户满意度方面，商户应该注意以下几个方面。

1. 为买家着想真诚沟通

用真诚的态度，了解买家的购买目的与价格承受能力，体察买家的心态，用自己的产品销售经验成就客户的购买意愿。始终如一地为客户提供购买支持与服务，加强沟通与协调，解决客户的担忧与问题，提升客户的购买体验和满意度。

2. 让买家知道别人也在买

买家通常都有从众心理。业务人员在推荐产品时，适时地告诉买家一些其他客户或消费者购买情况，让客户对于该款产品的特点、用途、使用情况等有更多的了解和把握，打消顾虑放心购买。

3. 热情服务更容易成功

无论是买家了解商品情况还是咨询价格，都要热情地予以回复。让买家时时感觉你就在她身边，并且愿意为她服务。如果时间允许的话，就是买家没有什么明确的需求，也应该真诚、热情地去接待她们，没准下一次她就是一个慷慨的买主。

4. 不要表现得自以为是

很多买家都不喜欢那种得意洋洋，深感自己很聪明的业务员。要是买家真的错了，让他知道其他人也经常在犯同样的错误，他只不过是犯了大多数人都容易犯的错误而已。

5. 注意倾听买家需求

有的买家对想购买的产品有明确的要求，注意倾听了解买家的需求，将会使销售更加顺利。反之，一味地想推销自己的产品，无视买家的需求，很可能会事倍功半。

6. 用行动证明服务质量

买家不但希望得到良好的售前服务，更希望在购买产品之后，依然能够得到良好的售后服务。答应买家的事一定要做到，千万不要找借口拖延或不办，比如及时寄送礼品。

7. 不要在买家面前诋毁别人

千万不要在买家面前诋毁别人以抬高自己，这种做法非常愚蠢，往往会使买家产生逆反心理。另外也不要在买家面前抱怨公司的种种不是，买家不会从一家连自己的员工都不认同的公司购买商品。

8. 买家无意购买时不要施压

很多时候，买家并没有意向购买产品，这个时候比较合适的做法是以退为进，可以转换话题聊点买家感兴趣的东西，或者寻找机会再次拜访，给买家一个购买的心理准备过程，千万不要希望能立刻一锤定音，毕竟这样的幸运是较少的。

四、客户服务评价

客户服务是网络销售的核心，在商家竞争异常激烈的今天，服务已经成为商家脱颖而出的利器，最直接的反应就是客户好评率。敦煌网计算客户好评率的公式如图 5-2 所示。需要指出的是，金牌和银牌买家的好评和差评打分将翻倍计算，即金牌翻 3 倍、银牌翻 2 倍。因此金银牌买家的评价将会加倍影响到卖家的好评率。

好评率计算公式（新增VIP买家特权）　　　　查看详情

$$\text{好评率} = \frac{\text{VIP好评}*2 + \text{普好评}*1}{(\text{VIP好评}+\text{VIP差评})*2+(\text{普好评}+\text{普差评})*1}$$

图 5-2　卖家好评率计算方法

获得买家好评最直接的方法，就是增加服务内容，提高服务质量，最终提升顾客网络购物的体验。

1. 如何提升顾客体验

（1）优质的服务。热情耐心的解答、迅速回复客户询盘，对产品和行业表现出很高的专业性；快速发货、包装结实、主动帮助买家处理物流及售后问题。

（2）可靠的产品和包装。产品质量和产品包装同等重要，合适的包装能降低运输途中产品损坏的风险。顾客收到快递后，对产品的第一印象是包装，其次是试用后对产品是否与描述相符给出评价。因此，可靠的产品和包装是赢得客户好评的根本。

（3）超出预期的惊喜。如果希望能获得更多的好评，那么无论在服务上还是在产品上，必须要超出顾客此前的预期，此外还可以考虑赠送小礼品、优惠券等。

2. 促进客户好评的方法

卖家可以在店铺里或者在发货快件中增加宣传，如在店铺重要位置或者最终页显著位置声明“如果对产品有任何不满意可以及时与卖家沟通，我们会第一时间给您满意的答复，您的评论对我们很重要，请不要差评。”等类似的文字，这样能减少和降低差评，提高买家对卖家店铺的满意度指数。或者通过下列方式促进买家给予好评。

（1）推出“写好评，得奖励”之类的活动。在产品详细描述中给买家提示这样的信息：买家购买了您的产品后，在满意的情况下，如果能够及时地给予好评，那么下次再购物时可以得到一些折扣，这样能让买家知道您是一位诚信并且非常重视好评的卖家，同时为买家第二次购买打好基础。

（2）发出货物后要及时跟进站内信，告知买家运单号，并请买家收到物品后及时给予好评，遇到对货品不满意的情况，可以提前联系您，之后双方协商解决，提醒买家慎重给予差评。

（3）对于客户同意收货并放款仍未评价的，需要及时沟通，同时提供一些赠品和下次购买优惠的承诺，引导买家给予您好评。这样，既提高了好评率，也提高了客户重复购买的可能性。

（4）如得到中差评，及时进行合理的解释，保持解决问题的态度，积极协商达成一致。不要在收到差评后也对买家恶语相向。否则流失掉的可能就不单单是这一位买家，而是更多的潜在买家。

第六章　跨境电商物流管理

一、跨境电商物流分类

跨境电商物流现主要包括邮政小包、国际快递、跨境专线、海外仓储、国内快递的跨国业务五种方式，分别介绍如下。

（一）邮政小包

据不完全统计，中国跨境电商出口业务70%的包裹都是通过邮政系统投递的，其中中国邮政占据约50%的份额，香港邮政、新加坡邮政等也是中国跨境电商卖家常用的物流方式。典型服务商包括中国邮政、香港邮政、新加坡邮政等。

优势：邮政网络基本覆盖全球，比其他任何物流渠道覆盖面都要广。而且，由于邮政一般为国营，有国家税收补贴，因此价格便宜。

劣势：一般以私人包裹方式出境，不便于海关贸易数据统计，无法享受正常的出口退税。邮政小包递送的速度较慢，一般需要30~60天，而且丢包率高。

（二）国际快递

国际快递以全球自建网络以及国际化信息系统为支撑，对包裹运输信息的提供、收集与管理有很高的要求。典型企业包括UPS、Fedex、DHL、TNT（被称为国际快递四大巨头），其中UPS和Fedex总部位于美国，DHL总部位于德国，TNT总部位于荷兰。

优势：速度快、服务好、丢包率低，尤其是发往欧美发达国家非常方便。比如，使用UPS从中国寄包裹送到美国，最快可在48小时内到达，TNT发送欧洲一般3个工作日可到达。

劣势：价格昂贵，且价格资费变化较大。一般跨境电商卖家只有在客户强烈要求时效性的情况下才会使用，且一般由客户支付运费。

（三）跨境专线

跨境专线物流一般是通过航空包舱方式将货物运输到国外，再通过合作公司进行目的地国国内的派送，是目前跨境电商比较受欢迎的一种物流方式。目前，业内使用最普遍的物流专线包括美国专线、欧洲专线、澳洲专线、俄罗斯专线等，也有不少物流公司推出了中东专线、南美专线。典型企业和产品包括EMS的“国际E邮宝”、中环运的“俄邮宝”和“澳邮宝”、俄速通的Ruston中俄专线都属于跨境专线物流推出的特定产品。

优势：集中大批量货物发往目的地，通过规模效应降低成本，因此，价格比商业快递低，速度快于邮政小包，丢包率也比较低。

劣势：相比邮政小包来说，运费成本还是高了不少，而且在国内的揽收范围相对有限，覆盖地区有待扩大。

（四）国内快递的跨国业务

随着跨境电商火热程度的上升，国内快递也开始加快国际业务的布局，比如 EMS、顺丰都拓展了跨境物流业务。由于依托邮政渠道，EMS 的国际业务相对成熟，可以直达全球 60 多个国家。顺丰也已开通了到美国、澳大利亚、韩国、日本、新加坡、马来西亚、泰国、越南等国家的快递服务，并启动了中国往俄罗斯的跨境 B2C 服务。典型企业包括 EMS 和顺风速运。

优势：速度较快，费用低于四大国际快递巨头，EMS 清关能力强。

劣势：服务质量及派送时间与四大商业快递相比还有待提升。

四种运输方式的特点比较如表 6-1 所示。

表 6-1　各种运输方式特点比较

比较指标 \ 物流方式	邮政小包（平邮）	UPS、Fedex、DHL、TNT	跨境专线	EMS
包裹单件重量	不能超过 2kg，一票一件	不能超过 70kg，一票多件	不能超过 30kg，一票一件	不能超过 30kg，一票一件
计费方式	首重+续重，以 1g 作为计费单位，无附加费	首重 + 续重，以 500g 作为计费单位，收取燃油附加费、偏远地区费	首重 + 续重，以 500g 作为计费单位，无附加费	首重 + 续重，以 500g 作为计费单位，无附加费用
是否需要计算包裹抛重	包裹长宽高之和不能大于 90cm，不计体积重量	需要计算，不受单边长度限制	需要	包裹单边长度超过 60cm 时需要计算
包裹清关能力	强	较好	较差，货物国外被查扣和征税的概率高	强
包裹退回政策	无须额外交费	相当于从国外重新发货，费用高且需清关	需额外交费	无须额外交费
包裹跟踪信息	不详细	详细	较详细	较为详细
运费价格	最低	高	介于平邮和速递之间	价格低于四大快递
派送速度	慢	快	较快，但慢于快递	较快

（五）海外仓储

所谓海外仓储服务是指由外贸交易平台、物流服务商独立或共同为卖家在销售目标地提供的货品仓储、分拣、包装、派送的一站式控制与管理服务。卖家在销售货物前，通过批量运输方式将货物存储于目的国仓库，当产生订单后，在目的国进行货物的分拣、包装以及递送，从而有效缩短货物派送时间及派送费用。海外仓储流程包括头程运输、仓储管理和本地配送三个部分。头程运输是指中国商家通过海运、空运、陆运或者联运将商品运送至海外仓库。仓储管理是指中国商家通过物流信息系统，远程操作海外仓储货物，实时管理库存。本地配送是指海外仓储中心根据订单信息，通过当地邮政或快递将商品配送给客户。

优势：用廉价运输方式将货物发往海外仓库，从而降低物流成本；相当于销售发生在本土，可提供灵活可靠的退换货，提高了海外客户的购买信心；发货周期缩短，发货速度加快，可降低跨境物流缺陷交易率。此外，海外仓能够帮助卖家拓展销售品类，使“大而重”的商品也实现跨境销售。

劣势：销售周期长的商品容易造成亏损。同时，对卖家在供应链管理、库存管控、动销管理等方面提出了更高的要求。

二、物流方式的选择

跨境物流一直是制约跨境电商行业发展的关键性因素，面对各式各样的物流方案、物流服务商，跨境电商出口企业或个人应选择“适合自己的”物流方式。

（一）物流选择需考虑的因素

首先，卖家应清楚货物应符合哪些条件在跨境物流方面不会遇到障碍。适合跨境电商物流配送的商品应满足以下四项条件：（1）承运货物为文件、样品、货样广告品等没有商业价值的货物；（2）出口报关及目的地进口清关手续简单，不需要发件人提供额外的单证；（3）运费报价模式为基价加续重；（4）重量低于100kg的货物运输。

其次，应该根据所售产品的特点（尺寸、安全性、通关便利性等）来选择合适物流模式，比如家具类大件产品就不适合走邮政包裹渠道，而更适合海外仓模式。

再次，在淡旺季要灵活使用不同物流方式，例如淡季时使用中邮小包可以降低物流成本，在旺季或者大型促销活动时期采用香港邮政或者新加坡邮政等来保证时效。最后，售前要明确向买家列明不同物流方式的特点，为买家提供多样化的物流选择，让买家根据实际需求来选择物流方式。

此外，在选择物流方式时，还需要考虑以下因素。

（1）从买家的角度出发，卖家应该为买家所购买的货物作全方位的考虑，包括运费、安全度、运送速度、是否有关税等。

（2）尽量在满足物品安全度和速度的情况下，为买家选择运费低廉的服务。EMS无论服务还是时效性都比其他四大国际快递公司（UPS、DHL、TNT、FedEx）要逊色，但EMS的价格优势是非常明显的。

（3）商品运输无需精美的外包装，重点是安全快速地将售出的商品送达买家手中。

（4）即使拥有再多的经验，也无法估计所有买家的情况，所以把选择权交给买家更为合适，只需要在物品描述中标明所支持的运输方式，再确定一种默认的运输方式，那么如果买家有别的需要自会联系卖家。

（5）有的买家可能适合多种运送方式，卖家可以写出常用的方式及折扣，为买家省去部分运费，也为卖家挣得更多的回头客。

（二）主要服务商特点比较

跨境电商国际物流主要服务商有 EMS、UPS、DHL、Fedex、TNT、香港邮政、中国邮政。各公司的物流解决方案特点见表 6-2。卖家可以根据销售产品的实际情况和各物流公司服务的特点，选择适合自己的物流方案。

表 6-2　国际物流公司简介及物流解决方案特点

<table>
<tr><th>物流公司</th><th>简　介</th><th>运费</th><th>货运时间</th><th>货运查询</th><th>适用产品</th><th>运费计算</th></tr>
<tr><td>EMS</td><td>60 多个国家可以直接到达，清关能力强。</td><td>一般</td><td>5～8 天</td><td>可查询</td><td>对货运时间要求不高、货物体积不大、注重运费成本的产品</td><td>只计算产品包装后的实重</td></tr>
<tr><td>UPS</td><td>世界最大的快递公司，优势在美洲线路、日本线路。</td><td rowspan="4">高</td><td rowspan="4">2～5 天</td><td rowspan="4">可查询</td><td rowspan="4">货物价格较高，对货运时间有要求，追求质量和服务的产品</td><td rowspan="4">实重和体积重取较高者</td></tr>
<tr><td>DHL</td><td>欧洲最大的快递公司，欧洲和西亚、中东有绝对优势。</td></tr>
<tr><td>Fedex</td><td>去东南亚价格、速度有优势。去美国、加拿大也比较有优势。</td></tr>
<tr><td>TNT</td><td>荷兰最大的快递公司，在西欧国家具有较强的清关能力。</td></tr>
<tr><td>Hongkong post</td><td rowspan="2">通过政府邮政系统派送货物，无区域限制。</td><td rowspan="2">低</td><td rowspan="2">14～60 天</td><td rowspan="2">需挂号</td><td rowspan="2">对运费成本较敏感，对货运时间要求不高，货物价格较低，体积较大的产品</td><td rowspan="2">只考虑产品包装后的实重</td></tr>
<tr><td>China Post</td></tr>
</table>

三、运费计算

（一）敦煌网运费计算

敦煌网平台的运费计算是按各货运公司的官方网站提供的公式计算的，敦煌网平台按卖家所填写的产品包装后的体积、尺寸、重量等因素自动进行计算。下面通过一个案例来了解一下国际物流运费计算方法。

卖家林先生现在需要从北京给澳大利亚的买家发货，买家希望能够以较低廉的运费，在 1 周内收到货物。订单不大，是一个首饰盒。该用何种方式才能在最短时间内以较低的价格将物品安全送达？大概花多少钱？多长时间？如何跟踪货物运输情况？

林先生首先打电话给物流代理查询相关邮寄方式，由于是小礼品重量约在300克左右，物流工作人员建议林先生选择国际EMS，到达时间为5~7天，UPS、Fedex、DHL、TNT的包裹到达时间仅为2~4天，但价格比EMS贵1倍。目前这五个快递物流都提供快递状态查询服务。

最后，物流代理公司根据包裹的实际重量304克提供报价如下：

EMS：120元，5~7天，澳大利亚属于邮政运送国家/地区；

UPS：300.5元（由第三方保险公司提供保价服务）；

FedEx：203元（由第三方保险公司提供保价服务）；

DHL：292.5元（由第三方保险公司提供保价服务）；

TNT：289.9元（由第三方保险公司提供保价服务）；

最终林先生选择了EMS发货（以上数据仅供参考，具体价格请以服务提供方为准）。

（二）国际快递运费计算

1. 计费单位

（1）计费重量单位。一般以每0.5千克为一个计费重量单位。

（2）首重与续重。以第一个0.5千克为首重（或起重），每增加0.5千克为一个续重。通常首重的费用相对续重费用较高。

（3）实重与材积。实重，是指需要运输的一批物品包括包装在内的实际总重量。体积重量或材积，是指当需要寄递的物品体积较大而实重较轻时，因运输工具（飞机、火车、船、汽车等）承载能力及可装载物品的体积所限，需要采取量取物品体积折算成重量作为计算运费的重量的方法。轻抛物，是指体积重量大于实际重量的物品。

FedEx、UPS、DHL、TNT求取材积公式如下：

规则物品：长（cm）×宽（cm）×高（cm）÷5 000=重量（KG）

不规则物品：最长（cm）×最宽（cm）×最高（cm）÷5 000=重量（KG）

（4）计费重量。按实重与材积两者的定义与国际航空货运协会的规定，货物运输过程中计收运费的重量是按整批货物的实际重量和体积重量两者中较高者计算的。

2. 运费计算

（1）物品实重大于材积时，运费计算方法为：

首重运费+[重量(KG)×2-1]×续重运费

例如：5千克货品按首重150元、续重30元计算，则运费总额为：150+(5×2-1)×30=420元

（2）物品实际重量小于材积时，运费需按材积标准收取，然后再按上述公式计算运费总额。

四、主要国家发货注意事项

敦煌网的买家主要位于美国、澳大利亚、俄罗斯、欧洲及南美洲国家。发货时需要

特别注意这些国家对进口货物包装的规定。当货物使用木质包装且目的地为欧盟及美日韩等国家时，需要将木箱进行熏蒸处理，或者采用非纯木质包装，因为这些国家禁止为熏蒸的木箱进口。另外当货物的单件重量超过 70 千克时，务必使用带托盘的包装；对于快件运输的货物，应注意单件重量不允许超过 30 千克，尺寸不允许超过 60 厘米×60 厘米×60 厘米，周长不超过 300 厘米。下面分地区介绍发货注意事项。

（一）澳大利亚

- 不要邮寄食品、动物和植物商品；
- 填写包裹清单要详细，尤其要注明商品的材质，否则可能被检验检疫部门抽查，延误转运；
- 不要用盛装蛋类的纸盒、木箱或者盛装水果、蔬菜、肉类的硬纸盒包装商品；
- 不要用干草或者植物包装商品；
- 禁止邮寄化妆品。

（二）美国

- 对美国出口食品和药品需提供美国食品药品管理局审批的 FDA 认证；
- 美国对液体、粉末、颗粒类化工产品比较敏感；
- 对人体相关用品，如医疗、文身机器，在申报品名时需要特别注意；
- 美国海关在知识产权保护方面较其他国家更为严格。

（三）欧盟

随着中国电商出口货物越来越多地发往欧洲，欧洲海关在货值上的查验力度不断加大，因此出口商在发货时需要特别注意以下事项：

- 不要严重低估货值；
- 对于重量较大的货物，按照真实价值申报、主动交税或者将货物合理拆分发送；
- 卖家需主动与买家沟通关税事宜，以免发生不必要的退款或者差评。

跨境电商的物流与国内电商物流最大的不同就在于货物出入境需要办理清关手续，对于敦煌网的卖家来说，了解目标客户所在国的海关关税起征点对于设置商品价格、运费标准等都会有较大帮助。有关国家邮政包裹通关最低免税申报额度见表 6-3。

表 6-3 主要国家邮政包裹通关最低免税申报金额

国家/地区	货币名称	金　额
中国	人民币	1 000
美国	美元	100
加拿大	加元	60
英国	英镑	30
澳大利亚	澳元	126
欧洲	欧元	30
俄罗斯	卢布	10 000
拉丁美洲	美金	50
日本	日元	10 000

第七章　订单提前放款融资管理

资金问题是制约中小外贸企业发展的重要问题，中小企业融资能力弱，风险承受能力较低。敦煌网平台提供订单提前放款服务，帮助中小企业凭借订单提前获得流动资金，解决中小企业融资难题。平台卖家凭借在平台上的交易记录申请贷款，一旦获得批准，便可以在额度有效期内（通常为一年）每生成一笔订单，便可申请提前放款一次，订单完成后，系统会从货款中自动扣除贷款金额及相应手续费。

一、申请提前放款的条件

平台对申请提前放款的买家，进行多维度的风险评估以确定是否发放贷款。提前放款的条件为：

准入标准：

- 卖家店铺处于正常开放状态
- 若卖家级别为 T 或 P，在敦煌网交易需 1 年以上

若卖家级别为 S 级别，在敦煌网交易需 2 年以上

- 卖家需要经过敦煌网实名制认证
- 卖家近 12 个月，累积交易额大于 2 万美金
- 卖家近 12 个月，累积订单超过 100 个，每月订单数大于 5 个
- 诚信经营指标小于 8%
- 销售率大于 0.02%
- 纠纷率

平均纠纷率<10%

卖家责任纠纷<3%

二、申请提前放款的步骤

1. 申请提前放款的卖家，可以通过“我的 DHgate→资金账户→提前放款”，进入提前放款服务申请界面，如图 7-1 所示。

图 7-1　开通提前放款服务

2. 卖家发货后，符合提前放款资格的订单会自动进入到申请列表，如图 7-2 所示。

图 7-2　申请提前放款

3. 卖家选择订单，单击"去申请"，进入待申请订单确认界面，如图 7-3 所示。

图 7-3　提前放款信息确认

4. 单击“申请提前放款”按钮，确认申请贷款操作，如图 7-4 所示。

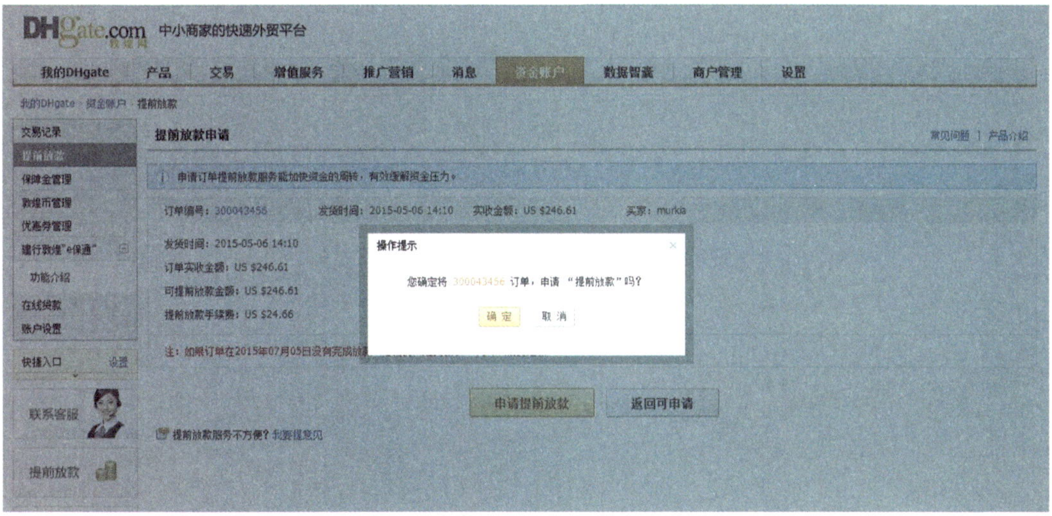

图 7-4　确认申请提前放款

5. 符合条件的订单，系统会自动提示完成提前放款，可以继续申请其他订单提前放款，或者查看已放款情况，如图 7-5 所示。

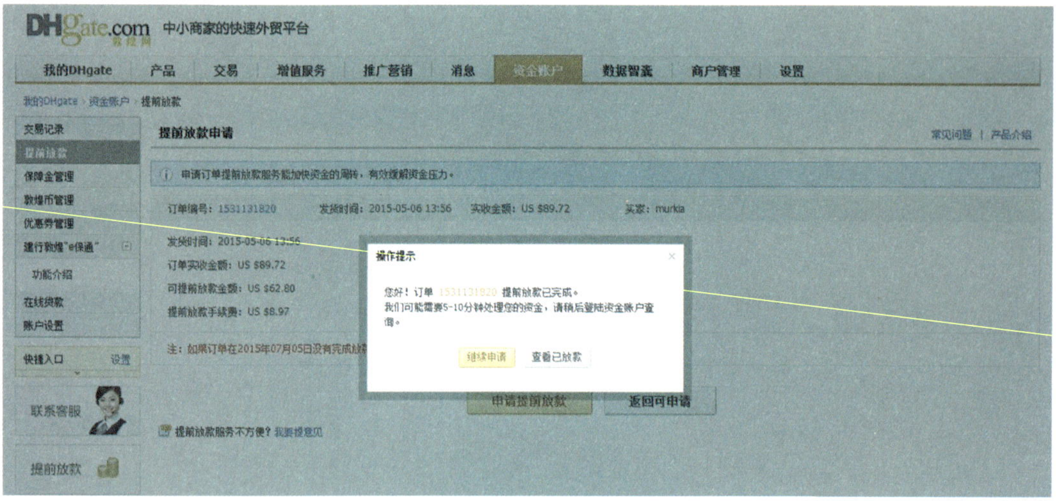

图 7-5　查看已放款情况

三、查询订单提前放款状态

卖家登录后台，单击“资金账户→提前放款”，可看到各订单的提前放款状态，包括可申请提前放款的订单、已放款的订单、待还款的订单和已完成还款订单，如图 7-6 所示。

图 7-6　查询订单提前放款状态

四、还款程序

订单正常执行情况下，交易完毕平台账户进行自动还款，还款完毕的订单会出现在已完成还款列表，如图 7-7 所示。

DHgate.com 中小商家的快速外贸平台
我的DHgate
产品
交易
增值服务
推广营销
消息
资金账户
数据智囊
商户管理
设置
我的DHgate 资金账户 提前放款
交易记录
提前放款
保障金管理
敦煌币管理
优惠券管理
建行敦煌"e保通"
功能介绍
在线贷款
账户设置
快捷入口 设置
联系客服
提前放款
提前放款
常见问题 | 产品介绍
感谢您使用敦煌网提前放款服务。
可申请
已放款
待还款
已完成
订单号：
搜索
订单编号
提前放款时间
提前放款金额
提前放款手续费
完成时间
1431107322 2014-09-17 18:34 US $78.92 US $0.01 2015-02-05 16:17
1431090397 2014-07-15 19:01 US $80.10 US $2.00 2014-10-20 18:26
1431091502 2014-07-25 10:29 US $50.06 US $2.00 2014-07-28 18:10
1431091501 2014-07-23 11:12 US $50.06 US $2.00 2014-07-23 15:36
1431090334 2014-07-15 16:45 US $80.10 US $2.00 2014-07-15 17:03

图 7-7　还款查询

下　篇

跨境电商网店运营案例

“中国工厂主要有两个核心诉求，第一，要长期挣大钱；第二，完成自己未竟和未遂的一个夙愿——品牌梦。这个时代给了我们彼此一个机会，共同的机会。我们寻找全球梦想合伙人，我们只和有品牌梦想的工厂合作，我们寻找各行业的隐形冠军。”

王树彤

敦煌网创始人 CEO

第八章　敦煌网卖家成长经验分享

案例 1　大学生电商创业，大浪淘沙

——扬长避短，努力学习，积累经验

四年打拼，从在读大学生到十大卖家之星

2010 年，当时还在江西财经大学读书的小金参与了敦煌网动力营在江西举办的第一期培训活动。一个星期以后，他和另外两名同学组成了一个团队，在敦煌网注册了账号，由此开始了作为在校大学生在互联网上自主创业的冒险之旅。

2014 年，小金参加了敦煌网在深圳举办的一年一度的“卖家之星”颁奖典礼，他已成长为敦煌网平台上运动户外行业销售额最大的卖家之一。

如今小金已把公司从江西搬到了深圳，他在敦煌网上的店铺主营自行车相关配件以及户外用品，每一天都有很多货车从深圳周边将各种商品拉到他的公司，再由公司的运营团队有条不紊地发往世界各地。小金很享受这样每天都忙忙碌碌的状态，回想起 4 年前自己对于未来自主创业的各种幻想和憧憬，小金由衷觉得当初选择的道路是正确的，“其实学生军创业可以说是有利也有弊，关键就看自己如何去克服不利因素，将自身的优势发挥到最大化。”

50 个人做，只有 3 个人坚持了下来，选对商品是关键

“2010 年的时候还没毕业，就抱着拼一把的想法，感觉做这件事应该没错。后来经历了很多艰难的抉择与快乐的收获，心态各方面都成熟了很多，也能站在更高的层次来审视学生军自主创业这样的事情，自己走的道路有其特殊的地方，但也有很多共性是可以跟同龄人共勉的。”小金坦言，他记得当时学校里一共有 50 多个同学一起参加了敦煌网动力营的培训活动，不过后来一直能坚持做下去的只有 3 个人。最主要就是后来很多同学毕业了，发现靠做外贸营销的收入很难在社会中立足，于是就陆续放弃了。他当时也给自己设立了一个目标，如果一直做到毕业，每个月赚到的收入没有三四千元——也就是参加工作一般能领到的工资收入那就放弃创业的目标。“因此，在这样的压力下学生军网上开店最开始就必须要找对产品，一定要做精准定位的产品，这样才能很快见到收益。”

在观察周围同学在敦煌网开店的经历中，小金发现，很多同学一开始选择主营产品的考虑过于草率，几个月不见效果就放弃了。小金当时听从了培训老师的建议，仔细观

察市场中的热销产品，并做了大量的市场研究，同时也认真学习了一个学长主做USB电视节目接收器的成功经验，“最开始我们也跟着做USB电视节目接收器，因为有前辈的经验可以参考，也做一些圣诞节的装饰灯具，这些都是热销产品，很快我们就收获了不少的订单，除了信心大增之外，也为后来转型做户外运动产品积累了第一桶金。”

学生创业的优势与劣势

对于学生军在校或是毕业之后自主创业的优势，小金的看法是学生有热情，有创业的冲动，肯努力学习新的网络技术，也能充分利用平台上的一些工具，例如关键词搜索、竞价排名等。另外，大学生语言能力也更好一些，跟国外的买家用英语沟通较为容易。更重要的是在校学生可以组成团队，这要比一个人经营更容易成功，“组成一个团体，你也能更多听取他人的意见。在校期间你能观察到哪些同学更靠谱，更值得信赖，这对你找到未来的事业合作伙伴，往更高的方向发展是非常有好处的。”

至于学生军创业的不利因素，小金认为首先是资金压力，“在校期间还能吃住不愁，毕业后，房租、日常开销从何而来？这就是最大的压力。”其次学生毕竟缺乏经验，做事容易冲动，没有韧劲。成熟卖家一般有自己的供应商，或是有做传统外贸的经验，因此学生军创业就得克服资金、资源和经验方面的劣势。

勤于发现，不断总结，积累经验，走向成功

即使在开始创业阶段解决了资金的困扰，小金还是经历了不少在他看来属于“迷茫”的阶段，他尝试过很多种产品，一直到最后发现运动户外这片蓝海，在他看来这也是自己能在后来越走越顺利的重要原因。小金认为要在敦煌网开店收获成功，有几个因素是必不可少的。

第一是选品，必须考察所选商品的热销程度和竞争程度，当然敦煌网也有后台数据可比较，例如产品的热销程度以及搜索量。

第二是同一款产品要想办法比别人做得更好，例如产品图片和文字说明要尽可能地吸引人，还有就是价格优势，要找到能给你提供更好价格的供货商。

第三个因素是利用好敦煌网的推广资源，包括广告位、关键词竞价搜索，定期做一些活动，争取让这个产品在敦煌网上获得更好的曝光。

第四，研究利用平台提供的增值服务。由于在校期间敦煌网上的店铺经营得还不错，小金可以说为毕业之后的全职自主创业赚取了第一桶金。可即便这样，很多时候资金的周转还是有些捉襟见肘。于是，小金通过敦煌网的“拍卖贷”获得了一笔3万元的贷款。在他看来，这笔贷款利息相对比较低，而且通过这笔贷款他创造了更大的价值，所以相对利息而言还是很划算的。

除了产品的因素，小金认为更重要的就是服务，这也是大学生创业必须发挥到极致的优势所在。小金的店铺有一个来自英国的老客户，之前在别的网站上过当，后来小金耐心细致的服务逐渐取得了他的信任。如今这位客户无论订什么货，都会先问小金有没有，实在买不着了才去别的店铺。

案例2 自己当老板的创业之路

——把握流行，服务至上，让客户赚到钱

从熟悉的产品入手，加强平台学习，与员工共成长

2012年前，吴女士一直在广东一家母婴用品公司负责销售背带、婴儿车等母婴用品。有一天，她的一位老主顾聊到自己在敦煌网开了一个店铺，吴女士便问生意如何，那位客户笑言“至少能保证吃饱喝足”。这一下让吴女士动了自己创业的念头，因为英语学得比较好，再加上自主创业的梦想在她身上由来已久，于是在2012年2月，吴女士在敦煌网开设了自己的第一个账号，从此走上了“自己当老板，自己雇员工”的创业之路。

吴女士坦言，虽然之前有过做传统外贸的经验，但当时自己对电子商务一窍不通，幸好敦煌网的渠道代理商给了她很大的帮助，“让我多上传产品我就多上传产品，让我优化关键词搜索，我也一一照着做。”很快，吴女士的店铺迎来了第一笔订单。她清楚地记得那是一位美国客户购买了一个婴儿背带，订单不大，而且刚开始自己对业务不熟悉，运费没算好，最后算下来自己还亏了几十块钱。但第一笔交易的顺利完成还是给了吴女士莫大的信心，很快订单便节节上升，她就不得不开始雇员工来处理这些业务了。如今，吴女士的店铺连续两年业绩增长超过200%。

在2014年敦煌网举办的颁奖盛典上，吴女士更是被评为敦煌网平台上的“十大服务之星”，而且很长一段时间，吴女士在敦煌网的店铺都保持了100%的客户好评率，短短两年时间能取得这份荣誉殊为不易。对此吴女士认为，人的精力有限，很多服务不能亲力亲为，只有对待员工如同家人一般友善，尽量让她们在工作和生活上都觉得开心，才能通过她们把对于客户的关爱传递过去。

移动客户端随时解决问题，关注客户需求，提升用户体验

由于是对外贸易，有时候一些突发情况会发生在工作时间以外，吴女士笑言“这时候便是老板上阵的时间了”，她认为敦煌网为卖家商户提供的移动客户端非常方便，客户在任何时间都能找到她，加上自己的英文还不错，很多询盘和纠纷问题随时就解决了。

如今，吴女士店铺的每一个客户都拥有她的联系方式，日常的联系也并非询盘和纠纷这些问题，很多客户会直接发来当地流行的一些服装款式，让她尽量能找到类似的款式发货过来，在吴女士看来“这就帮了我最大的忙，本来选产品就是很头疼的一件事情。”不仅如此，很多客户在吴女士的店铺买到商品觉得品质不错之后，还会充当“代购”角色，帮助周围的亲朋好友一起来到她的店铺再采购商品。更有甚者，一些客户买完小孩的服装之后，会发来一些额外的需求，例如给小孩装修房间需要哪些物品，请吴女士帮忙一一采购齐备，价格方面让她自己定夺。

加强沟通，把握商机，拓展新兴市场

一开始，吴女士的店铺经营主要面向美国市场，而从2013年开始，则慢慢向中东

等国家转移了，如今最主要便是沙特和科威特两个国家。在她看来，这两个国家的客户对于价格不是那么敏感，也不会太在意品牌，只要喜欢的款式就会下单购买。在与这些客户打交道的过程中，吴女士也积累了很多的经验与销售技巧，例如一些女大童的裙子套装，在这些国家就特别畅销，尤其是一些带有图腾图案，印第安风格的裙子。这两年来，吴女士一直都是自己在选产品，客户经常也会发一些他们喜欢的款式过来，在她看来，“你跟客人沟通越多，你的信息就会越全面。基本上这一个客人，就会代表他所在国家的偏好，这对于挑选热销的产品是一件好事，而且由客户推荐款式也是很难得的事情。”

吴女士认为，回头客多是自己店铺能够脱颖而出的一大优势，诀窍就是真正要和客户成为很好的朋友。“只要你一直迎合他们的需求，客户就会慢慢固定下来，平常多研究一些顾客的需求以及他们的风格，就能达到事半功倍的效果。”

当然，要维持100%的好评率也并非是一件容易的事情，吴女士承认，一般她的客户要求都比较高，偶尔出现纠纷和问题的时候，“我们都会倾听他们的声音，看客户想怎么解决这个问题，最后也尽量满足他们的要求。即使有时候是客户发生了失误，例如你就是买了这个鞋码，后来觉得小了，我就会尽快给他换货，本来颜色就是米色，客户觉得过于白了，我们也会给他们一些小折扣，小补偿，这样他们自然会心满意足。”

对于纠纷问题，吴女士想强调的是，不要跟客人纠结谁是对的，谁是错的，这样对于解决问题于事无补，尽量能够做出一些让步，留住客户。

让客户有钱可赚，实现可持续经营

当然，除了秉持服务至上的理念，吴女士认为让客户同样赚到钱才是最根本的可持续经营之道，因为在她店铺购买商品的客户大多在当地有实体店面或是在 eBay 上进行再销售，吴女士认为“让客户方便地赚到钱”非常重要。在平常的经营中她对于利润方面没有太多计较，总是觉得利润差不多就行。“客户要是有抱怨，对尺码颜色不满意，我就给他补发。长期合作，你也有账目，我心里也有账目，最关键的是大家都能赚到钱，如果最终人家不能赚到钱，肯定不会跟你再合作下去。”

把握潮流，优化物流，提升服务质量

吴女士认为，对于经营母婴用品的店铺，把握潮流是最难的。然而如果做得好也是最容易提升销量的。吴女士表示对于一些童装的流行趋势，自己以前看得不是很清楚，现在找到一些好的办法，例如研究客户当地流行的动画片，“小孩子的童装，其实有很明显的趋势，例如动画片流行什么，她就需要什么，往往就指定要电视中的那种款式。”

另外还有一个可以改善的地方就是发货速度以及物流方式，这是越来越多客户非常在意的地方。为此吴女士如今时常关注各种物流资讯，并经常研究物流公司新的产品，“客人非常在意时间和速度。有些事情也许你把控不了，不过可以尽量选择适合的物流渠道和运送方式。”

吴女士电商创业的成长历程可用图 8-1 形象展示。

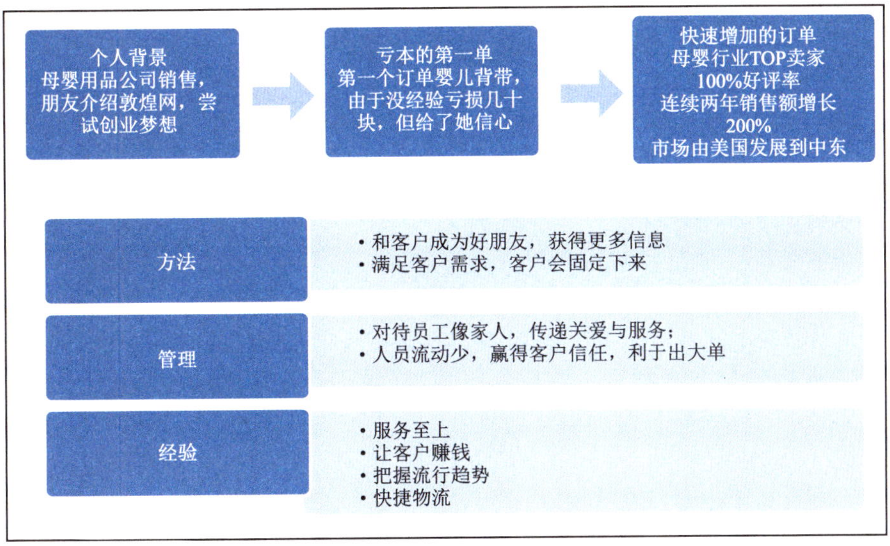

图 8-1　吴女士电商创业成长历程

案例3　传统外贸转身，开个网店卖全球

——网易盛世李春辉，客户从20个国家到100多个国家

绝处逢生，外贸电商打开一片新天地

网易盛世科技（香港）有限公司（以下简称“网易盛世”）主营车载后视摄像头、后视摄像头、车载摄像头、车载显示器、倒车雷达、车载后视系统、GPS定位导航、外贸四频手机等产品，公司主要通过传统外贸渠道进行销售。但是，这样的好光景却随着2008年金融危机的到来终结了。外贸形势日益严峻，老客户下单越来越少。像往常那样每年只需几个订单就可以吃饱喝足的日子已一去不复返了，企业不得不直面如何绝处逢生的难题。

面对金融危机，网易盛世当然不甘心坐以待毙，电子商务在国内风生水起之时，公司遂成立了电子商务部，开始涉足淘宝业务，由外贸市场兼做国内市场。“后来我们了解到敦煌网这种全新的在线外贸交易模式，意识到这种线上直接完成全部交易流程的模式必然是未来的一个趋势，因此2010年下半年，我们毅然放弃了淘宝业务，开始全资金、全副精力地转到敦煌网平台做在线外贸。”李春辉这样回忆当时的情形。接下来的两年，由他领导的线上业务取得了突飞猛进的发展，从而扭转了公司业绩不断下滑的命运。2012年春节前，网易盛世公司电子商务部只有7人，年后扩充到了13人，而此时公司传统外贸部门也只有十几人；公司产品借助电商平台出口到北美、西欧、大洋洲等地，这些市场约占公司销售总额的60%，而眼下来自巴西、俄罗斯、印度等新兴市场的订单则越来越多，从销售数据来看，仅巴西的订单每月上涨幅度就高达20%。李春辉表示，“未来一两年我们还会继续加大在线业务的投入，因为我们相信随着员工的成熟，订单的不断增多，线上市场会越来越大”。

中小额批发，高频度订单，解决客户难题

做线上外贸交易之前，网易盛世的客户分布在近二十个国家，增加电子商务渠道以后大大拓展了客户的覆盖范围。“现在我们的包裹发到了全球一百多个国家和地区，这是之前想都不敢想的。”李春辉道出了开辟线上外贸业务后的另一个重要变化：“以前做传统外贸时公司大单走得多，但是订单数少，增加电子商务渠道之后，我们的生意模式就随着线上外贸交易的大潮流而走，因为很多国家的线上外贸是以中小额批发为主，所以大大拓展了我们的中小额批发生意。”尽管当前的外贸大环境依然不太乐观，但李春辉认为中小额在线外贸份额会实现更快的增长，“因为经济环境越不利，我们的客户的资金压力就越大，他们不愿压货，所以更乐于采用这种方式，中小批量、高频度下单。这显然是在线外贸交易模式的核心优势所在。”

制造商的观念转变，协同开拓在线市场

李春辉表示，“在如今的外贸形势下，很多工厂的产品卖不出去，而外贸电商恰恰能够帮助他们把产品卖到全球市场，而且打造的是我们中国自己的品牌。两年前，我们与供应商谈判时他们觉得这样的方式很不现实，往往对此不屑一顾。但是随着近两年在

线外贸迅猛的发展势头，工厂看到我们的采购量越来越高，而且已经成为他们名副其实的大客户，从而彻底转变了他们之前的观念。现在这些制造商非常看重在线外贸交易模式，而且会经常询问网易盛世哪些产品好卖，客户反映的问题我们会直接反映给供应商，引导供货商对自己的产品做出改变。”

回忆过往，李春辉笑容满面，“实际上，随着金融危机的加深，目前外贸形势仍未好转，甚至愈加严峻，我们当然不愿把资金押到库存上，而海外采购商同样也要使自己的资金周转速度更快、效率更高，因此也会转向到网上采购的形式更倾向于频繁的中小批量采购方式，但是要求供货一定要快。当然大多数时候，他们更在意的是又快又便宜。”

一路走过来的网易盛世如今在线生意做得风风火火，谈及感受和经验自然有诸多可圈可点之处。

平台专业培训，指导卖家运营。李春辉谈到：“敦煌网经常提供培训，这些对我们非常有价值。2010 年敦煌网开通了敦煌动力营，在深圳、东莞、南昌几个城市开课，当时我们在深圳参加了培训，受益匪浅。此外，平时敦煌网也有一些线上的视频培训课程，我们要求业务员每周要看看有什么新的内容、新的问题，平时敦煌网的行业经理也会给我们提供个别指导。敦煌网以前还推出过外贸电子商务师认证培训的课程，经培训拿到证书的人才到公司就能上手，大大缩短了我们自己的培训期，效果非常好。”

产品质量和服务是核心和关键。根据网易盛世的订单规则，在售前，客户询问之后，他们会第一时间回复；在售中，一旦客户下单，他们对所有的产品进行百分百质检，在打包时，采用非常好的独立包装箱，确保其包裹到达买家手里时是一个完好无损的产品；在售后，敦煌网是要求一年质保，如果客户收到的产品确实有问题，把货返回来后，他们会尽快为客户更换新品。

线上线下，相得益彰。时至今日，网易盛世仍然没有放弃传统渠道的外贸业务，2008 年电子商务部刚成立时，公司线上业务的销售比例所占无几，经过两年时间的倾情投入，现在线上业务月销售额已高达 50 万美元，显然这一数字在公司增长速度是最快的，潜力巨大。

目前，网易盛世的线上业务以敦煌网平台为主，同时也在其他平台进行尝试，“相比而言，公司的传统业务增长并不快，我们看到以敦煌网为代表的在线外贸交易平台，能够让我们用最短的时间把最好的产品带给全球消费者，而且利润得到较大提高，以前传统外贸业务的利润率比较低，只有五六个点，而现在我们的利润已经做到 10%～20%。

虽然现在成本并未降低很多，但是通过在线外贸平台我们不但批发还可以直接把产品卖给消费者，走传统外贸渠道时我们只能走大订单，而现在卖的则是批发价和零售价，无形中利润就增高了。”

网易盛世李春辉转型历程可用图 8-2 形象展示。

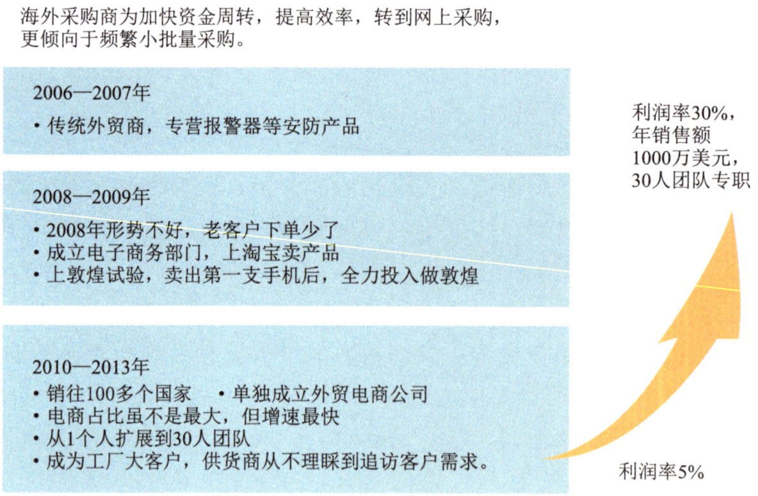

图 8-2 网易盛世李春辉转型历程

案例4 外贸电商打造自主品牌

——谭继华“赛尔贝尔”的网络微品牌建设之路

中国制造升级到中国创造。通过打造网络微品牌走向海外市场，不失为一条中小企业切实可行，而且成本可控的新路径。

2008年金融危机，外贸人心中永远的痛

早在20世纪90年代到2000年前后，一大批怀揣掘金梦想的年轻人来到深圳打拼，很多人踏入外贸这一行业，谭继华就是其中之一。2000年到2008年期间，谭继华从传统外贸开始创业，招了十多个员工，找订单、跑业务、报关、商检、订舱，经历过艰辛，也和大批传统外贸人一样分享到了中国外贸黄金时代的红利。

2008年全球金融危机爆发。那一年，谭继华参与的外贸生意陷入了低谷，渠道难做，库存难清，业务告急。很多人认为外贸的好时候已经结束了，也正是这个时候很多外贸人开始退出江湖，大部分OEM工厂主则处于寝食难安的被动地位，继续靠数量有限的大单薄利过着饥一顿饱一顿的日子。不过学金融出身的谭继华仍然看好外贸这一行业。他认为外贸是一个有待继续开垦的金矿，只是掘金的方式需要改变。

试水电子商务，外贸人永远在路上

也是这一年，谭继华开始关注电子商务这个行业。此时国内电子商务刚起步，他开始尝试着在淘宝上代理产品销售。试水内贸电商带来的利润，使他转而对外贸电商产生了更强烈的创业冲动。于是，他逐渐将业务拓展到外贸电商领域，主营高端蓝牙耳机。他先后在eBay、敦煌网等几个平台同时运作，特别是深入了解敦煌网之后，他发现这就是他曾经一度寻找的B2B外贸电商平台。于是，他专注与敦煌网合作。很快，通过外贸电商平台，谭继华赚得了人生的第一桶金。

创立自有品牌，外贸人的“中国梦”

谭继华的梦想，没有在赚得第一桶金之后止步。按理说，一个传统外贸商踏准了节奏，安然走出经济危机的低谷，找到了适合自己的生意平台，生活富足，家人满意，已经算是实现个人梦想了。天生创业者的基因，使他马不停蹄地向下一个梦想前行，他开始制定更加长远的计划，他认为外贸电商是打造自有品牌的最佳路径。

2011年，谭继华创立了国内唯一的高端蓝牙品牌“赛尔贝尔”，研发了数十种领先国际的专利产品，以主动降噪、无辐射、智能切换、远距离无障碍蓝牙接收、高品质立体原声控放、设计时尚环保舒适等特点，迅速成为全球三大高端蓝牙品牌之一。公司的营销团队也从当初的18人，发展到一个拥有研发、销售、售后服务一体化的80多人规模，利润率更是得到提升，拥有网络品牌后利润比做传统外贸上升了25%。

谭继华实现自创品牌的梦想，仅仅用了2年多时间。在此，他跟大家分享创建“赛尔贝尔”网络品牌的个中经验。

Tip 1：自建工厂，保持质量创新

赛尔贝尔有自己的研发团队，并自建工厂。谭继华重视产品的创新和专利的保护，每年都会申请大量的发明专利和外观专利。他说，“有一些技术中国还没有做，比如说我们的蓝牙+降噪+控放，这种结构的产品中国还没有，国外也很少见。”

Tip 2：中高端产品自己生产的运营策略

目前“赛尔贝尔”分价格段采取不同的生产策略，售价200元以内的低端产品，交给外包加工；200元以上的产品全部交给自己的工厂生产。他说，“特别是我们在美国、欧洲有一些在欧美拥有发明专利和外观专利的产品，我们都是自己的生产部负责生产，绝不会交给外面。”

Tip 3：建立海外分公司提升售后服务

“赛尔贝尔”于2014年9月在俄罗斯成立第一个分公司。海外分公司主要充当海外仓以及售后服务店的作用，以提高海外买家的体验，并帮助推广品牌，负责当地销售渠道的扩展。“比如在英国，我们已经找到一个合作伙伴，他在那边帮我们当地的连锁卖场销售产品，而英国的eBay、亚马逊等线上渠道的拓展也交给他们。”

Tip 4：品牌价值来自于品质和服务

谭继华坦承，目前的产品价格依然比海外同类型产品要低至少30%，这一方面也是中国商品质优价廉的持续优势所在，另一方面，他认为中国的生产商应该将品牌价值的核心放在品质和服务上。“产品是会说话的，它会给客户带去最直观的感受，它让客户有更好的体验。只要我们的产品在质量和性能上靠得住、有特点，只要我们用心去做服务，真的不用担心没有客户上门。”草根创业，外贸电商平台入门，赚得第一桶金之后逐渐做大，自建和收购工厂，谭继华坚信中国制造可以升级到自有品牌。通过打造网络微品牌走向海外市场，不失为一条中小企业切实可行而且成本可控的新路径。

谭继华“赛尔贝尔”成长历程可用图8-3形象展示。

转型诱因：2008年金融危机，发达国家进口需求锐减，致使库存积压，资金链断裂。

转型历程：

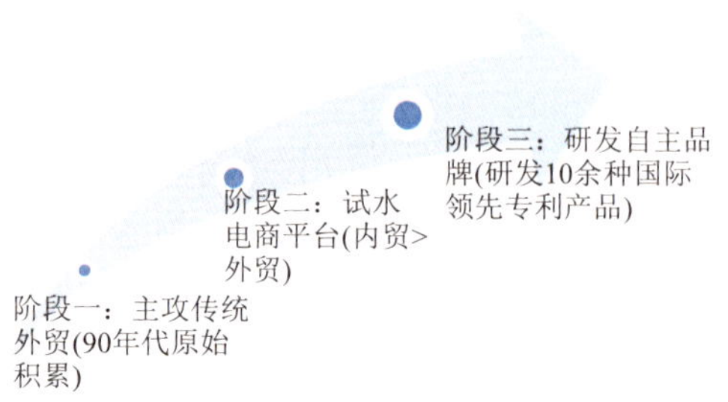

转型成果：营销团队从18人发展到80人。

利润率从5%提升到30%

外贸电商年销售额超过5 000万美元

全球三大高端蓝牙产品之一

图8-3 谭继华“赛尔贝尔”成长历程

参考文献

[1] 章学拯．电子商务职业能力教程［M］．北京：对外经济贸易大学出版社，2015．